Sin gritos ni castigos:

Educando para la autodisciplina

Sandra Ramírez

ISBN-13: 978-1519674791
ISBN-10: 1519674791

DEDICATORIA

Dedico este libro a mi hijo Julián.

INDICE

TERCERA PARTE
El método AGRIDULCE

    1. Anticipar el plan o los obstáculos
    2. Guiar en el proceso
    3. Responder con firmeza y amabilidad
    4. Identificar y validar las emociones
    5. Describir la situación
    6. Ubicar vías alternas y de reconexión
    7. Llegar a un acuerdo mutuo
    8. Confirmar con claridad los términos del acuerdo
    9. Ejecutar el plan o enseñar el nuevo comportamiento

CUARTA PARTE
Neurociencias y autodisciplina

APENDICES

BIBLIOGRAFIA

Introducción

Criar seres humanos íntegros y autónomos es tal vez la labor más difícil y la más significativa que realicemos en el transcurso de nuestras vidas. Al convertirnos en padres nos vemos constantemente retados por situaciones en maneras y en magnitudes que no habíamos imaginado antes. El amor que sentimos por nuestros hijos es incondicional, pero al mismo tiempo, reconocemos que el trabajo que demandan es muy intenso.

En el camino de la crianza, todos los padres asumimos que las alegrías serán más que las dificultades. Nos sorprendemos al darnos cuenta que los niños pueden ser muy difíciles de criar. Muchas veces se rehúsan a cooperar, actúan impulsivamente -aun después de nuestra guía- pegan, se frustran y muchos no quieren comer. Cuando las dificultades se vuelven más numerosas que las alegrías, y cuando los pleitos rebasan los buenos momentos en familia, entonces la dinámica del hogar se vuelve muy nociva para todos. Los padres entran en un estado de supervivencia. Viven el día a día en constante estado de estrés con la única esperanza de que llegue nuevamente la noche para que todo acabe, y sabiendo en el fondo que tendrán que repetirlo todo nuevamente al siguiente día. Este estado de estrés y de desconcierto se agrava con la llegada de más hijos, pues inevitablemente las dificultades se multiplican con cada nueva personalidad y con cada nueva demanda.

Los padres hacemos lo posible por mantener la compostura ante las situaciones difíciles y aquellos padres que adoptamos estilos de crianza más sensibles intentamos tomar la perspectiva de los niños para entender por qué hacen lo que hacen. Esto puede resultar tremendamente desgastante si lo único que se hace es ceder y entender y no se lo balancea con pedir y requerir. Los hogares más armónicos son aquellos en donde todos los miembros se sienten satisfechos, no solo los niños.

Es por esto que la disciplina es la clave para crear armonía en el hogar y para permitir que los niños crezcan sanos. Sin embargo, una de las dificultades que enfrentamos los padres es que en los últimos cincuenta años han surgido dos corrientes opuestas de disciplina que lo único que hacen es confundirnos. Por un lado están las corrientes centradas en los adultos, las cuales se basan principalmente en ejercer control sobre los niños día a día. En esta corriente no existen metas de autodisciplina a largo plazo, solo existe la noción de que los niños deben ser entrenados para obedecer a la autoridad, la cual en primera instancia serán los padres, y después se trasfiere a la escuela y a la sociedad.

Al otro lado del péndulo está aquella corriente centrada en el niño, la cual surgió primordialmente en contraposición a las corrientes autoritarias y controladoras. Las corrientes centradas en el niño inicialmente dan la impresión de que los niños son seres muy frágiles y que toda frustración debe ser prevenida para evitarles un trauma. Este es un gran mal entendido que lamentablemente ha sido muy propagado. La verdad es que tanto la resiliencia como la inteligencia emocional son habilidades necesarias y se desarrollan gracias a la práctica de una disciplina clara y razonable que nada tiene que ver con evitarles a los niños todo tipo de frustración.

En resumidas, tenemos dos corrientes extremas de disciplina (la centrada en los padres y la centrada en el niño) que han surgido en los últimos cincuenta años y ninguna de ellas busca el desarrollo de la autodisciplina. Aquella corriente que propongo en este libro, por el contrario, no está centrada ni en los unos ni en los otros. Es una disciplina centrada en *la relación entre padres e hijos*, cuya meta a largo plazo es el desarrollo de la autodisciplina.

La palabra *disciplina,* generalmente evoca una imagen de corrección, remediación y reprimenda. Se usa a menudo como sinónimo de "castigo". Sin embargo, la definición original de *disciplina* es "enseñar". Según la Real Académica de la Lengua, *disciplina* es "doctrina, instrucción de una persona, especialmente en lo moral". Esta corriente de disciplina basada en la relación entre padres e hijos ofrece un camino hacia la **enseñanza** de la disciplina logrando que los niños eventualmente sean capaces de encontrar en sí mismos la sabiduría y la integridad necesarias para actuar correctamente. No por temor a la reprimenda, ni motivados por el incentivo, sino porque han integrado en sus sistemas morales el valor de la consideración, la cooperación y de la justicia. Ese es el verdadero significado de disciplina: es un sustantivo, un compás moral y ético que crece desde adentro y que se adquiere en un ambiente de entendimiento, de amor y de respeto. La relación entre padres e hijos es la que motiva e inspira el desarrollo de una autodisciplina. La conexión interpersonal es la catalizadora tanto de la cooperación, como de la empatía.

En este sentido nuestro rol de padres es el de ser jardineros responsables. Nuestros hijos inician como semillas, llenas de potencial pero carentes de experiencia. Si la semilla recibe la nutrición que necesita, echará raíces y se desarrollará poco a poco hasta dar fruto, producto de su madurez. Usted, padre o madre, es el jardinero que nutre y da, que poda y endereza. Un jardinero sabe que es inútil apresurar a la planta para que crezca más rápido o para que dé fruto antes de que esté lista. La naturaleza es sabia y las cosas se dan a su propio ritmo. Nuestro rol es importante en el desarrollo integral de nuestros hijos pero no todo dependerá de nosotros. Nuestro trabajo es saber interpretar las necesidades de nuestros hijos y hacer lo posible para satisfacerlas y nutrirlas con paciencia. Debemos confiar en los procesos de la naturaleza, lo cual implica confiar tanto en nuestra capacidad de nutrir y de enseñar, como en la de nuestros hijos de absorber y de aprender.

Le invito entonces a conocer cómo educar a los niños para la autodisciplina. Sea usted padre, madre, abuelo(a), maestro(a) o psicólogo(a) infantil, este libro pone en sus manos las herramientas para criar niños reflexivos y pensantes mientras que al mismo tiempo fortalece su relación con ellos.

Este libro está organizado en cuatro partes. La primera parte es una invitación a redefinir lo que entendemos por disciplina. A olvidarnos de todo lo que hemos aprendido y escuchado en el medio acerca de cómo criar niños bien portados y a despojarnos de ideas preconcebidas y de estrategias poco respetuosas que lastiman nuestra relación con los niños. La segunda parte explora los cimientos necesarios para que la autodisciplina sea posible. Nada bueno y duradero se construye de la noche a la mañana. Usando al cultivo de plantas como analogía, vamos a explorar los elementos que hacen posible la educación para la autodisciplina. La tercera parte propone un método respetuoso paso a paso. Este método al cual lo he llamado AGRIDULCE le ayudará a tener un plan de contingencia para las situaciones difíciles y retadoras con sus hijos. Este método puede ser de utilidad no solo para solucionar conflictos sino también para enseñar comportamientos apropiados y para prevenir o redirigir comportamientos inapropiados. Finalmente, la cuarta parte conecta esta filosofía de disciplina con la neurociencia que la respalda. Esa última parte le ayudará a comprender que una crianza democrática es la base de un desarrollo neurológico y psicológico sano. Exploraremos la evidencia científica que apoya el uso de todas las estrategias propuestas en este libro.

PRIMERA PARTE

Redefiniendo la disciplina

1.

Definición de disciplina

Para mucha gente, disciplina es sinónimo de castigo, y eso está lejos de ser verdad. El término "disciplina" viene del Latín *discipulus* que significa "alumno" o "pupilo" y de *disciplina* que significa "educar" o "enseñar". El castigo no enseña la lección a largo plazo y por lo tanto, no disciplina. Quienes valoramos los derechos humanos básicos creemos que el humillar y el privar a los niños de su dignidad, libertad o autonomía son medios que no justifican el fin. Si la finalidad es que los niños aprendan a manejarse en un mundo lleno de límites, entonces nuestra responsabilidad es educarlos y enseñarles a hacerlo sin que eso signifique humillarlos o herirlos en el intento. Dentro del marco de una crianza respetuosa y consciente, la meta a largo plazo es la autodisciplina. Queremos que nuestros niños sean capaces de distinguir lo bueno de lo malo, lo aceptable de lo inaceptable y lo positivo de lo negativo. La meta a corto plazo es la cooperación. Queremos que los niños cooperen, no que obedezcan. La cooperación es voluntaria y se basa en el entendimiento de que su rol en la dinámica familiar y en el sistema social cuenta y es importante. La obediencia, por el contrario, se deriva de la sumisión y del miedo a la reprimenda de parte de la figura de autoridad.

Todos los padres queremos que los niños se comporten bien, sobre eso no existen debates. Los padres también quisiéramos que nuestros niños sean responsables y cuidadosos. Lo interesante es que tanto el buen comportamiento como la responsabilidad a menudo van a la par de la seguridad y la felicidad. Aquellos niños que respetan a los adultos y cooperan en sus salones de clase, usualmente, son también niños felices y seguros de sí mismos. Son niños que se recuperan rápido de las frustraciones y que se llevan bien con sus compañeros. Como resultado, los padres de estos niños se sienten orgullosos y felices de ver el fruto de su trabajo. Pero la felicidad y la seguridad en sí mismos no son aspectos heredados ni adquiridos de la noche a la mañana, son aspectos que se cultivan desde el primer día de nacidos y se ven reforzados por la constante respuesta y respeto de los padres hacia sus necesidades tanto emocionales como físicas. Como consecuencia de esa seguridad inherente, los niños se ven y sienten a sí mismos como personas buenas y capaces de tomar sus propias decisiones. No siempre las decisiones serán las acertadas, pero el hecho de que los padres den un espacio para la equivocación, hace que los niños estén siempre receptivos y dispuestos a aprender de sus errores.

El tema de la disciplina ha sido muy discutido. Mucha gente cree que los niños se portan mal porque "se les deja" o porque los padres tenemos miedo de insistir en que sean obedientes y que respeten. Las personas que critican a un estilo de crianza sensible y respetuosa dicen temer que aquellos hogares se conviertan en pequeñas dictaduras donde los niños decidan qué se hace y donde los padres tengan miedo de pronunciar la palabra "no". Esta es la visión también de los padres que se adhieren a un estilo de crianza basado en el castigo y en la imposición de reglas que se establecen sin la participación intelectual de los hijos. En esos hogares llenos de amenazas, de frases negativas y de castigos frecuentes, los padres actúan desde un enfoque netamente autoritario. Las cosas se hacen porque "yo digo" y "¡pobre de aquel que no obedezca!". No existe una razón lógica para las reglas o límites impuestos ni tampoco existe opción a negarse.

Lo interesante de aquellas familias estancadas en estos patrones de interacciones negativas, sin embargo, es que a medida que pasa el tiempo, los niños incrementan sus comportamientos desafiantes que por lo general se originan de sus sentimientos de resentimiento hacia sus padres. Eventualmente, los padres se dan cuenta que han agotado todos los recursos que tenían para castigar y las amenazas dejan de tener un efecto en el comportamiento. Terminan por prohibir a sus hijos de todos sus privilegios (televisión, postre, dulces, juguetes, video juegos) y los niños en vez de mejorar, empeoran su comportamiento y se vuelven aún más irrespetuosos y groseros.

Una disciplina basada en el castigo y en la imposición de reglas no es la mejor manera de fomentar buenos comportamientos en los niños. Sin duda todos los padres vamos a tener que decir "no" frecuentemente, y seguro habrá veces en las que nos sacamos de la manga una amenaza para lograr que nuestros hijos hagan lo que se les pide. Sin embargo, producir niños que se porten bien es mucho más que decir "no", mucho más que amenazar y mucho más que un "time-out" o "tiempo-fuera". Los buenos comportamientos son el reflejo de la identidad moral de una persona. Si los niños se sienten a sí mismos como personas buenas, aceptadas y cooperadoras, entonces sus comportamientos reflejarán ese sentimiento. Los niños se comportan bien cuando se sienten bien , cuando son capaces de regular sus emociones, cuando valoran la empatía y la amabilidad, y cuando entienden que la razón real para cooperar con los adultos no es "porque se hace lo que ellos dicen" sino por consideración a las necesidades y los sentimientos de otros.

Métodos de disciplina

Para poder entender de qué se trata el enfoque de disciplina propuesto en este libro, hemos primero de entender cuáles son los otros métodos de disciplina a los cuales nos oponemos, o con los cuales competimos, por así decirlo.

En general, los métodos de disciplina se pueden dividir en cuatro categorías: la disciplina autoritaria, la disciplina comunicativa, la modificación de la conducta y la disciplina positiva o democrática que es una doctrina más reciente. Nótese que los *métodos de disciplina* difieren de los *estilos de crianza*, puesto que hay estilos de crianza sin límites y, por lo tanto, sin disciplina. La crianza permisiva y la crianza negligente, se caracterizan por tener pocas reglas y límites para sus hijos lo cual resulta en niños con niveles bajos de autocontrol, de autoestima y son desafiantes con las figuras de autoridad. Al lado opuesto de los estilos de crianza carentes de límites están la crianza autoritaria y la crianza democrática. Estas últimas se asemejan porque son ricas en reglas y límites, sin embargo, sus diferencias están marcadas por la manera en que éstas se establecen en el hogar.

El *método autoritario* entiende a la disciplina como algo que se **hace a** los niños, no como un proceso de aprendizaje que se lo realiza **con** ellos. Los padres autoritarios esperan que sus hijos sigan las reglas estrictas que les imponen. Si los hijos no siguen las reglas, por lo general, se impone un castigo. Los padres autoritarios no explican las razones por las cuales imponen las reglas y su respuesta tras el cuestionamiento de sus hijos suele ser algo como: "porque yo digo" o "porque yo mando aquí". Estos padres demandan bastante de sus hijos y su meta es que ellos cumplan las órdenes sin cuestionar. Este método de disciplina tiende a producir niños obedientes pero a la vez inseguros, con baja autoestima, menos felices que otros niños y con dificultades para socializar.

Un enfoque autoritario parte de la premisa de que los niños se comportan bien cuando saben lo que se espera de ellos y cuando entienden cuáles son las consecuencias de sus actos. En ese enfoque la palabra "consecuencia" es sinónimo de castigo. Las investigaciones científicas, sin embargo, nos dicen que una disciplina autoritaria funciona muy al revés de lo que se espera. Los niños criados con mucho autoritarismo albergan resentimientos o se sienten desalentados ante la imposición de tantas reglas. Esto hace que no se comporten bien puesto que eventualmente deja de importarles cuáles sean las consecuencias de sus actos. Los castigos, entonces, pierden su efecto en la modificación de la conducta. Este enfoque autoritario, lastimosamente, es también muy común en las escuelas. Erróneamente se asume que solo en base a advertencias, amenazas y castigos, los maestros pueden lograr un ambiente tranquilo que permita dar paso al aprendizaje. Sin embargo, estudios recientes confirman que el aprendizaje tiene una base emocional. Las mentes aprenden mejor cuando están en un estado relajado y receptivo, no en un estado de estrés y constante temor a la figura de autoridad.

Al otro lado del autoritarismo están los padres comunicativos. Al igual que los padres autoritarios, lo padres que practican una **disciplina comunicativa** también establecen reglas y límites que esperan que sus hijos sigan. Los padres comunicativos intentan no aplicar castigos y dan preferencia al lenguaje como herramienta de solución de conflictos. Estos padres son empáticos y comprensivos e intentan establecer límites y resolver problemas desde la comunicación. Lo bueno de este método es que enfatiza la comunicación de las emociones y en un esfuerzo por evitar despliegues inapropiados o agresivos de comportamiento, les enseñan a sus hijos a identificar y a regular sus emociones. Una desventaja de este método, sin embargo, es que se queda al nivel de las emociones y no va más allá. Las frases características de este método están llenas de palabras políticamente correctas y de vocabulario emocional, pero no son concisas, ni firmes, ni tampoco resaltan la importancia del límite. Por ejemplo, en vez de decir "¡no golpees a tu hermano!", los padres comunicativos dirían algo como: "veo que estás muy frustrado con tu hermano". Esto suena muy respetuoso, muy empático y seguramente es una correcta interpretación del comportamiento. Sin embargo, un mensaje como este no deja claro por qué es incorrecto golpear. ¿Qué pasa si le vuelve a pegar?, ¿seguimos con el mismo estilo de comunicación? Los padres comunicativos suelen ser suaves y nunca se portan firmes por temor a "traumar" o a causarles algún malestar emocional o psicológico a sus hijos.

El método de la **modificación de la conducta** es también un método adoptado por padres que establecen límites y que no quieren acudir ni a las amenazas, ni a los castigos, pero tampoco a las palabras suaves, emocionales y psicológicamente correctas. Los padres que aprenden técnicas de modificación de la conducta hacen uso de consecuencias lógicas y naturales para que, por su propio peso, éstas enseñen a los niños acerca de los límites y reglas de su hogar y del mundo. Por ejemplo, si un niño pega a otro la consecuencia lógica es remover al niño del lugar las veces que sean necesarias hasta que la conducta de "pegar" desaparezca o haya sido modificada. Una desventaja de este método es que como toda consecuencia lógica debe ser pensada por los padres, tarde o temprano se les agota las técnicas o las ideas a los padres y éstos se quedan sin herramientas al no saber cómo manejar ciertas conductas para las cuales no necesariamente existen consecuencias lógicas o naturales. Más adelante hablaremos más en detalle acerca de la diferencia entre las consecuencias lógicas o naturales y los castigos, por lo pronto veamos de qué se trata la disciplina democrática.

Un nuevo enfoque de disciplina

En el punto medio entre el autoritarismo y la extrema sutileza está un enfoque de ***disciplina democrática*** que ha tomado algunos nombres en los años recientes. Entre ellos: disciplina positiva, disciplina sin lágrimas, disciplina consciente, disciplina humanizada y disciplina respetuosa. En definitiva, la disciplina democrática es un enfoque que no se centra ni en el adulto ni en el niño, sino en la relación entre los dos. Los padres democráticos también establecemos límites y reglas que nuestros hijos deben seguir. Sin embargo, tomamos en cuenta sus opiniones y somos razonables a la hora de establecer las reglas. Bajo este enfoque, cuando los hijos no cumplen con nuestras expectativas, somos más indulgentes y comprensivos en vez de ser castigadores.

Los padres democráticos monitoreamos el comportamiento de nuestros hijos, comunicamos nuestras expectativas claramente y de manera creativa pero no invasiva o restrictiva. Para disciplinar o enseñar a nuestros hijos a manejarse bajo ciertos parámetros, les apoyamos en el proceso en vez de castigarlos. Lo que el estilo autoritario tiene en común con el estilo democrático es que ambos son ricos en el establecimiento de límites. Sin embargo, la comunicación, la conexión y la calidez del estilo democrático son mucho más evidentes. La ciencia confirma que este estilo de crianza suele resultar en niños seguros, felices y exitosos.

Este enfoque de disciplina democrática si bien intenta evitar o modificar las malas conductas, lo hace a través de una combinación de elementos intrínsecos y no aplicados desde afuera. Estos elementos se cultivan desde el primer día de vida y tienen que ver con la calidad de relación que se forma entre padres e hijos, fruto de la calidez y de la consistencia de los padres al satisfacer efectivamente las necesidades de sus hijos desde bebés, generando así la seguridad y confianza que ellos necesitan para explorar y manejarse en la vida sin miedos y con optimismo. Cuando se ha criado con apego (es decir respondiendo efectiva y sensiblemente a sus necesidades físicas y emocionales), los niños desarrollan lo que se conoce como un *vínculo de apego seguro,* lo cual indica que los niños han aprendido a confiar ciegamente en su madre, padre o ambos, y es justamente esa confianza lo que hace posible una educación para la autodisciplina. El nivel de seguridad y plenitud de un niño amado y satisfecho es lo que le permite sentirse valioso y capaz. Ese sentir se traduce a la vez a un sentimiento de responsabilidad por sus propias acciones.

En este enfoque de disciplina, los padres intentamos prevenir y remediar los malos comportamientos a través de un sinnúmero de maneras. Los padres interactuamos y jugamos con nuestros hijos conscientes de su necesidad de atención. Les ofrecemos diferentes opciones y alternativas al ser conscientes de su necesidad de autonomía. Reconocemos y satisfacemos tanto sus necesidades físicas como emocionales. Reparamos momentos de ira, tristeza o de criticismo y les decimos constantemente que estamos orgullosos de ellos. Destacamos objetivamente las buenas obras que hacen y los involucramos intelectualmente tanto en la creación de reglas y de rutinas, como en la solución de problemas. Todo este trabajo preventivo prepara el campo para el establecimiento de límites y para el desarrollo de la autodisciplina.

Establecer límites significa poderles comunicar cuando aquello que ellos piden o hacen se ha pasado de la raya. La raya debe ser una raya clara pero razonable. Puede llamarla raya, límite, cumbre, tope o como quiera. Lo importante es que ellos sepan que ciertos comportamientos no son admitidos porque ponen en peligro o hieren a sí mismos o a otros, ya sea física o emocionalmente. Otros límites son impuestos por la sociedad y las normas de convivencia y es responsabilidad de todo padre y madre el enseñar a sus hijos cuáles son éstas conforme los niños vayan creciendo y sean capaces de entenderlas.

Para que nuestros hijos sigan las reglas y desarrollen buenos hábitos y comportamientos a veces puede ser necesario contar con un sistema de recompensas y privilegios como retribución a su cooperación. Se ha visto que el refuerzo positivo suele ser muy útil especialmente cuando se trabaja o se cría a niños con necesidades educativas especiales. Sin embargo, hablando en términos generales, el basar el comportamiento de los niños solo en la obtención de premios no es una buena meta. La meta es ayudar a los niños a desarrollar un sistema interno que les permita tomar buenas decisiones basadas en la reflexión y guiadas por una identidad moral. No una disciplina impuesta externamente y basada en el miedo a ser castigados o en la obtención de objetos materiales. La palabra *disciplina* en este enfoque es un sustantivo antes de ser verbo. Disciplina como sustantivo se adquiere y se forma desde adentro. El verbo disciplinar, por el contrario, asume reprimenda, remediación o corrección de un problema ya manifestado.

Es importante recordar, sin embargo, que todos los niños son diferentes y no existe una receta que sea efectiva con todos. Los niños más impulsivos y más tercos requerirán más firmeza, más paciencia, más elogios y más oportunidades de practicar la autorregulación. También es importante recordar que el trabajo preventivo que conscientemente realizamos los padres que practicamos una crianza sensible, no significa de ninguna manera que nuestros hijos van a ser siempre niños intachables. Independientemente de qué estilo de crianza se practique, todos los niños van a tener sus rabietas, sus berrinches y otros comportamientos inapropiados derivados de la frustración, del cansancio y del paquete biológico de emociones que la naturaleza les heredó. No es realista esperar un comportamiento mejor del que nosotros como adultos exhibimos, ni tampoco podemos evitar del todo los malos comportamientos. Lo que sí podemos hacer, sin embargo, es intentar que éstos sean menos frecuentes, y procurar tener un plan de contingencia para actuar efectivamente y con respeto cuando sucedan. Veremos más delante de qué se trata específicamente este plan de contingencia a través del método AGRIDULCE, el cual puede ser aplicado tanto para resolución de conflictos como para la enseñanza de comportamientos apropiados.

2.

Erradicación del castigo

Antes de explorar tanto el método AGRIDULCE como esta alternativa de disciplina democrática, es imprescindible conocer la historia del castigo y de la modificación de la conducta que son todavía prevalentes en nuestra sociedad. Solo así entenderemos por qué resulta tan difícil su erradicación.

Historia del castigo

El castigo se remonta a los inicios de la historia de la humanidad. Las primeras sociedades establecieron sanciones para las personas que no podían cumplir las leyes y el orden social. El *Código de Hammurabi*, creado en el año 1728 A. C. y escrito en tablas de piedra es uno de los conjuntos de leyes más antiguos que son evidencia de que existía la pena de muerte para los infractores. Desde antes de la era de Babilonia, Antes de Cristo, el autoritarismo era la forma en que los jefes y/o reyes controlaban a los indios y/o peones. En vez de proteger de los criminales a la sociedad, se colocó a los líderes por encima de todos los demás, previniendo que cuenten las opiniones de la gente que estaba por debajo de ellos. La historia de la humanidad se caracteriza por la antidemocracia. Aquellos que estaban en posiciones de poder tenían siempre la razón y aquellos a quienes ellos gobernaban siempre debían estar de acuerdo con los gobernantes No había otra opción.

El castigo físico fue implementado en la sociedad como un rol de aquellos en posiciones de autoridad y constituía una afirmación de poder. El castigo físico era una parte aceptada en cualquier relación en la que había una autoridad legítima. Los amos castigaban a sus esclavos, siervos o esposas; los oficiales de alto mando castigaban a aquellos de rangos inferiores; los agentes de la ley castigaban a los violadores de la ley, el empleador al empleado, y así. Afortunadamente, hoy contamos con derechos humanos universales y mucho de lo que se hacía en la antigüedad para afirmar relaciones jerárquicas entre personas hoy no tiene cabida legal. Lastimosamente, en los países en los que existen leyes que prohíben el abuso físico, éstas solo se aplican a los adultos. Es el adulto quien se considera digno de protección legal ante los abusos físicos de otros adultos, no así los niños. De acuerdo a la UNICEF, el golpear a un niño en el seno familiar como método de disciplina, incluso con palos o cinturones, es aún una práctica usual que está permitida por la ley en casi todos los países del mundo. Aunque se están realizando numerosas reformas en países de todos los continentes, solo pocos países han prohibido cualquier forma de castigo infantil violento o humillante (Suecia, Finlandia, Dinamarca, Noruega, Austria y Chipre). Más recientemente, Argentina, Uruguay, Venezuela, Costa Rica, Brasil, Bolivia , Honduras y Perú también han adecuado sus legislaciones a la normativa internacional que vela por los derechos de los niños.

Otro factor que debe ser considerado es la religión. Dado que la tercera parte de la humanidad profesa la religión cristiana, vamos a hablar exclusivamente de ésta sin con eso implicar que sea la única religión que obstaculice la erradicación del castigo físico. Cuando decimos "religión cristiana" nos referimos específicamente a las denominaciones más conservadoras del cristianismo (evangélicos, testigos de Jehová, mormones, bautistas y cuáqueros) puesto que se ha visto que el castigo corporal es prevalente -aunque no necesariamente definitivo- entre los fieles de estos grupos. Philip Greven señala que las formas modernas de fundamentalismo cristiano comparten las mismas obsesiones con la obediencia a la autoridad características de las formas anteriores de protestantismo evangélico. La misma veta autoritaria es evidente hoy en los evangélicos angloamericanos, precisamente por las mismas razones: la coerción de los niños a través de castigos dolorosos para enseñar la obediencia a la divinidad y la autoridad de los padres. Un famoso libro llamado *"To Train Up a Child"* (Entrenar a un niño), publicado en 1994 por el pastor evangélico Michael y su esposa Debi Pearl, continúa vendiéndose en los Estados Unidos entre los fieles de la iglesia evangélica. En el libro se aconseja a los padres cristianos pegar a los niños con objetos como tubos o cucharas para "romper con su voluntad". Leer ese libro es realmente entristecedor y espeluznante. Aquellos que lo leen y aplican sus enseñanzas están realmente cegados por el fanatismo religioso.

Muchos conflictos y atrocidades se han generado por razones religiosas. La historia de la humanidad está llena de persecuciones y asesinatos, muchos de los cuales han sido iniciados por líderes religiosos inescrupulosos que tuercen el evangelio para su conveniencia. Basta recordar las Cruzadas, la Inquisición y el juicio de brujas de Salem para incitar horror y vergüenza en la comunidad cristiana. También es cierto, sin embargo, que la religión ha traído valiosas contribuciones a la humanidad: caridad, normas de justicia más elevados, respeto por la vida humana, derechos humanos, a la alfabetización; la creación de universidades de renombre mundial, bibliotecas, hospitales especializados, clínicas de fama mundial, orfanatos, asilos; el robustecimiento de valores morales, principios, éticas, ideal democrático, fe, esperanza, entre otros. Estas contribuciones de las diferentes religiones se han basado fundamentalmente en el deseo de hacer el bien y de practicar las enseñanzas de Jesús, Jehová, Allah , Buda o del dios que constituya la figura máxima de divinidad para cada religión.

Las personas caritativas y con robustos valores éticos y morales usualmente no justifican sus buenas obras en las escrituras de su religión en particular (Biblia, Corán o Torán). Lo hacen por convicción y por un deseo genuino de hacer el bien. Por el contrario, aquellos "fieles" que cometen injusticias y abusos son precisamente quienes atribuyen a su Dios (o a las escrituras) sus malos actos. La historia es fiel testigo que los extremistas religiosos que en un momento perdieron la brújula del amor y la misericordia, han justificado sus barbaries en las escrituras religiosas.

Hoy en día, lamentablemente, todavía existen miles de cristianos que usan la Biblia para justificar el castigo físico a los niños. Malinterpretan la Biblia para actuar de manera agresiva, injusta e irracional con sus hijos. Los versos bíblicos que más hacen referencia al castigo físico son:

> -Proverbios 13:24 "El que escatima la vara odia a su hijo, más el que lo ama lo disciplina con diligencia"
> -Proverbios 23:13: "No escatimes la disciplina del niño; aunque lo castigues con vara, no morirá".

Los proverbios no son comandos literales. La vara es una metáfora que ilustra la importancia de que tiene la presencia de Dios en la vida de un niño. No hay excusa para la violencia. Solo una persona maliciosa es capaz de usar la religión y tergiversar las escrituras para enmascarar su lado oscuro. Aquellos cristianos agresores de sus hijos no pecan de ignorantes, ni de mal informados, sino de maliciosos. Incluso Gabriel García Márquez en la primera parte de sus memorias, *Vivir para contarla*, escribe: "Hasta la Biblia subrayada en esa forma maliciosa podría expresar lo contrario de su auténtico sentido".

El castigo corporal hoy en día

Hoy en día las estadísticas sugieren, lamentablemente, que la probabilidad de que los niños sean agredidos físicamente o sometidos a prácticas tradicionales perjudiciales o a la violencia mental son más grandes en sus propios hogares, por miembros de su propia familia que por extraños. El problema de la violencia intrafamiliar, sin embargo, va más allá de las leyes pues es primordialmente el resultado de una crianza poco consciente que lleva a que los patrones de agresión se repitan y los modelos de crianza se hereden de generación en generación. Mientras las nuevas generaciones sigan justificando la agresión física que recibieron de sus padres con la famosa frase: "a mí me pegaban, y nada me pasó" o "mis papás me pegaban y salí bien", o peor aún "agradezco a mis padres por haberme pegado", entonces erradicar la agresión en nuestras sociedades será una misión imposible. Ni siquiera las leyes tendrán el poder de eliminar un problema social que hemos venido heredando por siglos. La única manera de eliminarlo es empezando por uno mismo, reconociendo y conciliando las heridas del pasado y practicando una crianza consciente. Criar conscientemente implica mucha reflexión. Solo a través de la aceptación, la reflexión, y en algunos casos de la ayuda profesional, podremos llegar a un estado mental tal que nos permita abrirnos a otras posibilidades de crianza. Pero sobre todo, la reflexión nos hace mejores padres y nos ayuda a tomar las decisiones correctas por el bien de nuestros hijos. Criar conscientemente se trata de reciclar lo bueno y de despojarse de lo malo sin necesariamente reprochar a sus padres por aquello que "hicieron mal". No es su responsabilidad el validar o invalidar la manera de criar de otras personas, incluso de sus padres.

En su proceso de reflexión y de cambio, apóyese de la ciencia, no de los mitos ni opiniones de la gente. Los últimos treinta años de estudios nos dan muy claros resultados de las consecuencias del uso de la agresión como método de disciplina. Los niños que han sido pegados son menos emocionalmente sanos que lo niños que no han sido pegados. Y no solo eso. Los niños que son pegados se comportan peor con el pasar del tiempo y están en riesgo de involucrarse en actos de delincuencia, uso de drogas o sustancias químicas, problemas de conducta, poca adaptación y dificultades académicas (como calificaciones bajas, suspensión, expulsión y abandono de la escuela).

Nada bueno resulta del castigo corporal. Los estudios continúan demostrando que está asociado con tasas más altas de agresión, delincuencia, problemas de salud mental y problemas en las relaciones con sus padres. Un estudio hecho por Elizabeth Gershoff en el 2013, confirma que los niños que fueron pegados de pequeños tienen más tendencia a la depresión, ansiedad, uso de drogas y agresión a medida que van creciendo. Los niños que sufrieron castigos corporales más severos, además, tienen cerebros con menos materia gris en sus lóbulos frontales y tienen amígdalas cerebrales que están en estado más híper-vigilante. Por otro lado, los estudios también han demostrado repetidamente que mientras más se les pega a los niños, más propensos son a pegar a otros incluyendo a sus hermanos y compañeros. Como adultos, son más propensos a pegar a sus esposas y a sus hijos. Pero tal vez lo más importante de recordar es que mientras más se los pega a los niños para evitar los malos comportamientos, éstos aumentan más. El castigo físico en realidad incrementa aquello que estamos tratando de evitar a través de su aplicación, lo cual resulta irónico.

Afortunadamente, gracias el estudio y la investigación, la sociedad actualmente se está alejando del castigo físico y los padres están empezando a cambiar sus prácticas de crianza viendo mejores resultados en sus niños. Los padres están reaccionando y dándose cuenta del impacto tan negativo que la agresión física y verbal puede tener en los niños. Estamos cerrando las puertas a las viejas e inefectivas tácticas de intimidación y de dolor, y estamos abriéndonos hacia métodos más eficaces y positivos.

El conductismo: un mal legado

Desde inicios de los años 1800 hasta aproximadamente los años 1960, los psicólogos a nivel mundial han recalcado la importancia de las reglas y los límites en los niños para su buen desarrollo psicológico y social. Recién fue en los años sesentas cuando la tecnología permitió a los científicos estudiar más a fondo las conductas animales para a partir de éstas, guiar y estudiar la conducta humana. Antes de que fuera posible estudiar la conducta más objetiva y empíricamente, la psicología estuvo dominada por la corriente conductista, y a través de ésta, se ha construido un lamentable y erróneo marco filosófico en nuestra sociedad en lo que respecta al manejo de la disciplina de niños. Este marco conductista prevalece hoy en día no solo en los hogares de las culturas occidentales, sino también en las escuelas.

Watson, uno de los psicólogos estadounidenses más importantes del siglo XX, y reconocido como el padre del conductismo, publicó lo siguiente en la década de los veintes advirtiendo a los padres sobre las relaciones cálidas y cariñosas con sus hijos:

> *"No lo abrace, no lo bese...Si tiene que hacerlo*
> *béselo una vez en la frente al darle las buenas noches.*
> *Dele la mano por las mañanas...no olvide que el amor de*
> *madre es un peligroso instrumento que puede infligir*
> *una herida que nunca se curará y que hará de su infancia*
> *una infancia infeliz, de su adolescencia una pesadilla, un*
> *instrumento que puede arruinar el futuro vocacional de*
> *los hijos además de sus chances de una felicidad marital"*

Esta es la filosofía que ha reinado en nuestra sociedad por más de un siglo. Watson creía ciegamente que a través de técnicas de modificación de la conducta cualquier persona podía convertirse en un modelo deseado.

> *"Dame una docena de niños sanos, bien formados, para*
> *que los eduque, y yo me comprometo a elegir uno de ellos al*
> *azar y adiestrarlo para que se convierta en un especialista de*
> *cualquier tipo que yo pueda escoger —médico, abogado, artista,*
> *hombre de negocios e incluso mendigo o ladrón—*
> *prescindiendo de su talento, inclinaciones, tendencias,*
> *aptitudes, vocaciones y raza de sus antepasados".*

Aunque suene descabellado, así es como empezó nuestra insistencia en las reglas, los límites y los castigos. Si Watson pudiera ver toda la información existente hoy por hoy, seguro se arrepentiría de todos sus argumentos. Tal vez un cambio de paradigma y de actitud como padre hubiera podido salvar a su propio hijo William de suicidarse a la edad de cuarenta años y a su hija de intentar también quitarse la vida varias veces. Watson era un fiel proponente del estilo autoritario de crianza. Su influencia hoy en día continúa siendo nuestra sombra pues Watson dejó un legado de aprendices en que han hecho mucho daño a las culturas occidentales. Uno de sus aprendices fue el famoso Ferber, quien fue el primero en proponer el método "Cry it out" que consiste en dejar llorar a los bebés en sus cunas para entrenarlos a dormir. Este es un método lastimosamente todavía muy prevalente en pleno siglo XXI , y continua siendo promovido en el mundo hispano a través del doctor Estivill en su libro "Duérmete Niño".

Los riesgos de los métodos conductistas

Si bien ha existido el castigo corporal desde inicios de la historia, la incorporación del castigo no físico como técnica de disciplina es un fenómeno relativamente reciente considerando los 6 o 7 millones de años que la humanidad ha existido en este planeta. La psicología conductista de los años veinte y treinta influyó mucho a las culturas de occidente. Antes de Watson, Pavlov y Skinner, la crianza estaba guiada por el instinto. No se escribían libros con temas de disciplina. Si bien Watson es considerado el padre del conductismo, la teoría del conductismo se afianzó con Skinner, quien descubrió que los castigos y los premios afectan el comportamiento tanto de los animales como de los seres humanos. En términos generales, Skinner describió con precisión matemática como los premios incrementan la frecuencia de los comportamientos mientras que los castigos reducen la frecuencia de los comportamientos. Él aseguró la validez de su teoría controlando cada aspecto de sus sujetos de estudio que por lo general eran ratas, palomas y otros animales.

Un rumor repetido muy a menudo postula que Skinner se aventuró en la experimentación humana poniendo a su hija Deborah como sujeto de uno de sus experimentos, lo cual la llevó a enfermedad mental permanente y un resentimiento amargo hacia su padre. Algunos autores rumoran que Skinner diseñó una cuna especial para su hija, la cual era calentada, enfriada, tenía aire filtrado, permitía tener mucho espacio para caminar y era muy similar a una versión en miniatura de una casa moderna. Según dicen aquellos que escriben sobre Skinner, aquella cuna fue diseñada para desarrollar la confianza del bebé, su comodidad, hacer que llorase menos, se enfermase menos, etc.

Tal vez una de las mejores demostraciones del poder de la teoría conductista de Skinner en la vida real puede encontrarse en programas de televisión tales como "The Dog Whisperer" o "La Súper Nanny (o superniñera) Británica". Ambos son programas populares que usan la teoría de Skinner para cambiar la conducta de los sujetos (en el primer caso se lo hace con perros, en el segundo se lo hace con niños). Lo que tienen en común tanto los experimentos de Skinner como los personajes principales de estos programas de televisión es que tienen total control sobre sus sujetos y el ambiente alrededor de ellos. Son importantes tanto el control de los tiempos y de las secuencias, como de los procesos de estas intervenciones. Si se saltan un paso en el proceso, todo se echa a perder.

El conductismo asume que el entrenador debe prescribir la conducta deseada y debe aplicar castigos o premios para moldear la conducta del sujeto hasta que se establezca un patrón consistente de conducta. En los seres humanos, lo que se pierde con estas técnicas es la creatividad, la iniciativa, y cualquier intento de defensa que el sujeto entrenado tenga. Por más populares que estas técnicas sean tanto en la televisión como en las escuelas tradicionales, conllevan ciertos riesgos que hay que considerar si lo que se quiere es criar niños reflexivos y pensantes, y no simples robots de un sistema. El riesgo más grande es que el control del ambiente y del niño lastima la relación entre padres e hijos puesto que los niños en vez de confiar, aprenden a ser mentirosos, furtivos y sigilosos para evitarse los castigos impuestos. Cuando los niños son pequeños resulta más fácil para los padres el controlar el ambiente y aplicar castigos o premios. Sin embargo, con el paso del tiempo los niños acostumbrados a un sistema de premios y castigos se vuelven naturalmente más difíciles de controlar y se vuelven resentidos del uso de castigos. Aprenden que mientras los padres no vean sus conductas negativas, nada malo les pasará. Por lo tanto, se vuelven expertos en esconder y en mentir, pero sobre todo aprenden a alejarse de sus padres –en vez de confiar en ellos- en los momentos de dificultad.

Cierto es que de vez en cuando todo padre recurre a una estrategia conductista para controlar una situación. No se trata de renunciar al control de todas las situaciones sino de usar las técnicas de control para los casos que realmente lo ameriten, como cuando hay un peligro inminente y debamos "sobornarlos" con un premio para alejarlos del peligro ("Ven acá para darte un dulce" lo cual aleja a un niño voluntariamente de un pleito entre niños o de una situación riesgosa en el parque, por ejemplo). De vez en cuando será necesario usar frases conductistas y controladoras del tipo: "o….o", por ejemplo, "o levantas tus juguetes o no salimos". Hay también las frases del tipo: "si...entonces" que involucran un premio o incentivo. "Si me ayudas a limpiar, te ayudo a armar tu juego". Estas frases modifican la conducta en base a una amenaza o a una advertencia. El riesgo que se corre al abusar de este tipo de frases es que con el tiempo se convierten en transacciones donde el único que sale ganando es el niño y no el adulto. Muy pronto serán ellos quienes te propongan: "¿si te ayudo por media hora, entonces me darás medio chocolate?".

La idea no es que hagan las cosas por el incentivo o por miedo a que se cumpla con la amenaza. La idea es que lo hagan por convicción de que eso es lo que se debe hacer porque es lo mejor para todos. Aunque acudamos a estas frases que nos sacan de apuros de vez en cuando, no hay mejor aprendizaje que el ejemplo, la paciencia y las palabras de guía.

Métodos conductistas populares

Cada vez es más frecuente utilizar la "sillita de pensar", el "mágico 1, 2, 3" y/o el "time-out" (o "tiempo fuera") como técnicas educativas en la que se pretende enseñar al niño la buena conducta, tras haber tenido un mal comportamiento. Estas técnicas además de ser promocionadas en programas de televisión populares, son de carácter conductista pues buscan modificar la conducta del niño en base a castigos.

La técnica de la sillita de pensar funciona así: cuando el niño se porta mal, hace algo incorrecto o inadecuado, los padres lo envían a la silla de pensar (que además tiene un espacio específico en la casa) con el supuesto objetivo de que entienda que ha actuado mal y que debe mejorar su comportamiento. Durante ese tiempo, el niño debe pensar sobre su acto y arrepentirse. Cuando el adulto lo pone en la silla de pensar, le recuerda claramente los motivos por los que fue enviado a "pensar". Otra forma parecida a la sillita de pensar es el famoso "time-out" o "tiempo fuera" en el que se le manda al niño castigado a algún rincón de la casa. La diferencia entre éste y la sillita es que no se lo manda a "pensar" sino que se lo manda a "estar" solo, aburrido y triste. Usualmente el lugar para el "time-out" es la habitación del niño donde éste no puede jugar, ver tele, invitar amigos o hacer nada. Simplemente tiene que esperar inmovilizado a que pase el tiempo dictaminado en la sentencia. La intención de los padres al aplicar estas técnicas es que sus hijos aprendan a obedecer a la primera, o a la segunda, pues a la tercera por lo general ya es muy tarde.

Otra técnica a menudo utilizada junto con el "time-out" es la técnica mágica del 1, 2, 3. Así es como se la promociona, como magia. Este es un programa de modificación de la conducta desarrollado por Thomas Phelan, un psicólogo clínico en Illinois, quien escribió un libro e hizo un video titulado ¡1 -2 - 3 Magic! Así es como funciona: cuando el niño hace algo que disgusta a uno de los padres, éste dice "va una", si lo sigue haciendo le dice "va dos" y a la tercera se dice "esta ya es tres".

En ese momento el niño entiende que es momento del castigo o del "time-out" y debe irse a su cuarto a pagar aquella condena por un determinado número de minutos dependiendo de la edad.

¿Cree usted que un niño de dos o cuatro años realmente tiene la capacidad de pensar y reflexionar por sí solo sobre sus actos? ¿Cree que puede aprender cuál fue su error a través de la aislación y/o el aburrimiento? El niño pequeño carece de la madurez mental necesaria como para pensar por él mismo sobre si lo que hizo estuvo correcto o no. Lo más seguro es que durante un "time-out" su mente esté pensando en cómo escaparse de casa o en cómo huir de sus padres. La "sillita de pensar" debería llamarse "sillita de imaginar" pues en ella los niños no piensan ni reflexionan sobre lo que hicieron sino que imaginan maneras de escapar esa penosa situación en la que están. No le pida a un niño pequeño pensar en el futuro, ni aprender del pasado. El niño pequeño vive en el presente. De manera que para aprender a comportarse de diferente manera en un futuro se debe primero dar espacio para que su estado emocional presente sea metabolizado, pues son precisamente esas emociones las que llevaron al niño a actuar de esa "mala" manera. La "sillita de pensar" actúa como congelador de las emociones. El niño se queda estancado en ellas sin opción a salir y sin entender qué lo llevó a la silla en primera instancia. Además, los niños pequeños carecen de recursos para expresar sus emociones desagradables de maneras más aceptables. Conjuntamente con ser obligado a pensar en aquello que no es mentalmente posible, se les hace también sentirse apartados, heridos, y sobre todo, no queridos.

Para que un niño pueda aprender qué actitud o comportamiento estuvo mal nos necesita a los adultos para que lo vayamos guiando con nuestras reflexiones y preguntas. Así aprenderá a conectar un acto con su respectiva consecuencia. El ser mandados a un lugar de la casa a cumplir una condena nada les enseña sobre su mala conducta. Por el contrario, a través de la reflexión y la conversación podemos comunicarle qué es lo que esperamos de ellos, qué cosas son aceptables y porqué ciertos comportamientos son dañinos, peligrosos o inapropiados.

Lo único que logran las estrategias como "la sillita de pensar", el "time-out" y el "mágico 1, 2, 3", es que el niño entienda que se le va a castigar y a aislar por cosas como cometer un error, tener un problema o no saber manejar sus emociones. Sería mejor establecer una relación en la que los niños sepan que sus acciones tendrán consecuencias lógicas o naturales que son resultado directo de sus actos, pero que al mismo tiempo sepan que cuentan con los adultos para guiarlos, acompañarlos y ayudarles a resolver las cosas que no pueden por sí solos. La disciplina democrática y positiva genera confianza y cercanía; la disciplina autoritaria genera miedo y aislamiento.

Castigo no es consecuencia

Y ya que estamos en esto del castigo, me parece importante definirlo con precisión. Muy a menudo se usa la palabra consecuencia como sinónimo de castigo, pero en realidad están lejos de ser lo mismo. Todo niño debería aprender las consecuencias de sus actos, eso es cierto. Sin embargo, a diferencia de una penalidad impuesta y no relacionada (en este caso si es sinónimo de castigo), las consecuencias lógicas caen por su propio peso y enseñan al niño lo que ocurre naturalmente como efecto directo de sus actos. Los castigos, por lo general, no se relacionan directamente al comportamiento pues son impuestos de una misma manera sin importar que sea. Por ejemplo, el dejar a un niño sin su postre a la hora de comer sería una consecuencia lógica solo si el niño botó su plato de postre al piso y lo echó a perder. Por el contrario, el no permitirle comer su postre porque no guardó sus juguetes antes de comer es un castigo, pues no se relaciona directamente a la conducta. La sillita de pensar y los "time-outs" son castigos, pues no se relacionan directamente con el comportamiento no deseado. Ir a la silla a pensar porque Pepito no quiso ponerse su suéter para salir afuera no tiene nada que ver, por ejemplo, con la consecuencia natural de experimentar el frio y, por lo tanto, aguantárselo. En ese caso, el frio será una consecuencia natural del acto de no haber querido ponerse su suéter para salir. Si los padres de Pepito llevan su suéter para proporcionárselo al primer exclamo de frío, Pepito no aprenderá la consecuencia natural de su acto.

Los padres pueden usar las consecuencias naturales cada vez que se dé la oportunidad para así enseñar a sus hijos que lo uno se origina de lo otro. Eso no significa que Papito va a tener que aguantarse le frío por horas ni que lo vayamos a dejar solo al demostrar sus sentimientos de ira, frustración o arrepentimiento. No se trata de decir "allá tú con tu problema", sino se trata de hacerles ver que la consecuencia la provocaron ellos mismos. Frases como "¡qué pena lo que te pasó!" o "¡ya sabes que debes hacer para la próxima!" ayudan a hacerles sentir que estamos ahí si nos necesitan para aliviar sus emociones desagradables, pero al mismo tiempo la situación no nos pertenece, ni es nuestra para arreglar. Una vez que demuestren comprensión de aquello que han provocado con sus actos, los padres pueden entonces ser compasivos y aliviar sus malestares provocados por las consecuencias que enfrentan.

A veces será necesario dejar que las consecuencias naturales sean las encargadas de enseñar las lecciones a los niños. De esa manera estamos renunciando al control sobre una situación para permitir que nuestros hijos vayan tomando responsabilidad de sus propios actos. Una vez que Pepito haya reconocido la conexión entre el acto (no querer ponerse su suéter) y el efecto (experimentar frío) entonces es momento de discutir, reflexionar, validar, contener y ayudar a solucionar. Si sigue con frío, podrá entonces darle su suéter que sabemos que secretamente usted lo llevó consigo.

De la misma manera, si Pepito tiene una hermanita de apenas 9 meses que recién empezó a caminar y le encanta agarrar todo lo que encuentra en su camino, Pepito debe entender que la consecuencia lógica de dejar sus juguetes a la vista de su hermana, será que ella los va a agarrar. Pepito no podrá quejarse y tendrá que compartir con ella, esa es la consecuencia lógica de no guardar sus juguetes. "Guerra avisada no mata soldado". En este sentido una frase del tipo "o...o" o "si...entonces" viene muy bien y está lejos de ser una amenaza. Al decir "si no recoges tus juguetes entonces tu hermana los va a agarrar" estamos verbalizando la consecuencia de forma anticipada. Esta es una consecuencia lógica puesto que lo uno (dejar los juguetes a la vista) si se relaciona directamente con lo otro (compartirlos con su hermana así no quiera). En vez de entrar en peleas y castigar a Pepito por no querer compartir, una advertencia de este tipo puede prevenir futuras batallas o negociaciones. La diferencia entre una consecuencia natural y una consecuencia lógica es que la segunda es pensada, realizada o verbalizada por los padres puesto que los resultados no necesariamente son tan evidentes para el niño y necesitará del adulto para hacer la conexión.

Existen muchos ejemplos en los cuales podemos aplicar este sencillo método de las consecuencias naturales y/o lógicas. Si no le gustó la de Pepito, le ofrezco el ejemplo de Menganita que a su año y medio decide morder el pezón de su mamá durante una sesión de lactancia. Su mamá no se quedó ahí sin hacer nada esperando a que Menganita lo haga de nuevo. La consecuencia lógica de ese mordisco es que Menganita se quede sin el pecho de su mamá por un momento. Por más que no le haya gustado, Menganita tuvo que afrontar la consecuencia de su acto, pero no lo hizo sola. Por más que la mamá haya sido la agredida, Menganita necesitó de ella para procesar lo que sucedió. Después de decirle lo mucho que le dolió el mordisco, su madre la consoló pues Menganita estaba triste al darse cuenta que su mamá ya no quería darle más pecho. ¡Vaya alimentación a libre demanda!, pensó Menganita. Después de unos minutos, sin embargo, ella se calmó, aprendió que el mordisco duele y que la consecuencia de morder es no tener más pecho. Una vez aprendida la lección su mamá se lo volvió a dar.

La aplicación de consecuencias lógicas y naturales como herramientas de aprendizaje involucra dejar que los niños sientan algo de frustración, hambre, frío, calor e incluso algo de dolor. Tampoco vamos a dejar que jueguen con un cuchillo para que aprendan que eso nos corta y nos duele. No. Por favor no me malentienda. Se trata de usar nuestro sentido común y permitir que ellos aprendan que el mundo en el que viven tiene un orden dado y hay ciertas normas que debemos seguir si no queremos salir lastimados. Tenga por seguro que después de que Pepito o Menganita experimenten por ellos mismo las consecuencias naturales de sus actos, la probabilidad de que vuelvan a hacer lo mismo será mucho menor. Deje que sus hijos sientan hambre si rehúsan a comer. Permita que ellos sientan frustración si insisten jugar con algo que usted advirtió que les será difícil manipular a su edad; o que sientan el ardor que causa el pisar la arena caliente si se rehusaron a ponerse sandalias en la playa. Los padres, por lo general, imponemos reglas por el bien de nuestros hijos, pero ellos no siempre entenderán el porqué de las reglas hasta que tengan la madurez para poder entenderlas o hasta que experimenten las consecuencias naturales o lógicas de no seguirlas.

Recuerde que sensibilidad no es sinónimo de permisividad. Podemos mostrarnos sensibles al gestionar sus comportamientos inapropiados y podemos respetar sus procesos naturales de aprendizaje dejando que las consecuencias caigan por su propio peso. Sin embargo, eso no significa que debamos intentar evitarles toda frustración y todo sufrimiento. Los niños necesitan también experimentar fracasos para aprender habilidades muy importantes como la tolerancia y la resiliencia, los cuales les serán de gran utilidad para manejarse de manera exitosa en la vida.

El uso de consecuencias lógicas y naturales es un método respetuoso del aprendizaje natural de los niños. Al usar consecuencias, los padres simplemente ayudan al niño a entender la asociación entre la acción y su efecto o resultado. Sin embargo, a medida que el niño va adquiriendo lenguaje, es imprescindible permitirle que se involucre intelectual y verbalmente en ese proceso de asociación. En este sentido, el llamado es a aprovechar la oportunidad que nos ofrecen las situaciones en las cuales las consecuencias naturales y lógicas son evidentes. Permitamos que éstas enseñen a los niños valiosas lecciones de vida. Sin embargo, no nos quedamos solo al nivel de las consecuencias puesto que como vimos anteriormente, la desventaja de utilizar únicamente este método como herramienta de enseñanza es que como toda consecuencia lógica es impuesta o verbalizada por los padres, tarde o temprano se agotan las técnicas o las ideas de los padres y éstos se quedan sin herramientas al no saber cómo manejar ciertas conductas para las cuales no necesariamente existen consecuencias lógicas o naturales. Por ejemplo, ¿cómo enseñamos a un niño de dos años a no subirse en las mesas, estantes o lugares peligrosos? ¿Existe una consecuencia lógica? Muchos padres dirán, "lo lógico es que lo retire de ahí", pues sí, pero esa lógica no le ha enseñado nada al niño acerca del peligro de caerse y lastimarse. En muchos casos no es prudente ni posible permitir que las consecuencias ocurran puesto que al hacerlo estaríamos arriesgando su salud y seguridad.

Para que las consecuencias lógicas sean efectivas en su capacidad de enseñar a nuestros hijos, es necesario que cumplan con los siguientes cuatro elementos:

1. La consecuencia debe ser respetuosa. Nuestro objetivo no es hacer que el niño sufra sino que aprenda a tomar una mejor decisión en el futuro. Si existe o si se inflige culpa, vergüenza o dolor, entonces estamos hablando de un "castigo", no de una consecuencia. El niño castigado se centrará en la "autoprotección" y no en aprender la lección. Las consecuencias efectivas son respetuosas con el niño.

2. La consecuencia debe estar directamente relacionada con el mal comportamiento. Para que los niños aprendan, la consecuencia tiene que ser sensata para el niño y debe estar relacionada con la

mala conducta. Por ejemplo, la consecuencia por arrojar las piezas de un rompecabezas en la habitación o en el agua, es perder el privilegio de jugar con ellas por un determinado lapso de tiempo. La consecuencia de no apagar el videojuego cuando se le pide o cuando la regla familiar lo establece es perder el privilegio de jugar con él por un día, o por una semana dependiendo de la edad del niño.

3. La consecuencia debe ser revelada por adelantado para dar la oportunidad al niño de cambiar su conducta. Si a pesar de la anticipación o de la advertencia el niño ha elegido continuar con el comportamiento inapropiado, entonces la responsabilidad de la acción recae en él y su mente está lista para aprender de la experiencia. Si no se le dio oportunidad de cambio, ni ningún tipo de advertencia, la consecuencia no tiene efecto educativo puesto que el niño no se hará responsable de sus acciones. Ante sus ojos, el adulto que impone la consecuencia no es más que un castigador.

4. La consecuencia debe ser entendida y/o verbalizada por el niño. Para asegurarnos que el niño comprende claramente el comportamiento que se espera y la consecuencia de no seguir la regla, pídale que se lo diga a usted. Por ejemplo, "¿me puedes recordar cuál es nuestra regla sobre jugar videojuegos y cuál es la consecuencia de no hacerlo?" Una vez que tengan un acuerdo verbal, entonces se ha confirmado el entendimiento del límite o la regla. Este elemento asume que el niño ha desarrollado su lenguaje lo suficiente como para poder verbalizar. Antes de los 2 años de edad, este requerimiento puede ser adaptado a la capacidad verbal del niño.

3.

Uso de refuerzos positivos o recompensas

El tema del uso de recompensas, premios y otros refuerzos positivos en la disciplina inició en los años sesentas con Nethaniel Branden, un psicólogo estadounidense que en los años sesentas escribió un libro titulado "*La psicología de la autoestima*". En aquel libro Branden afirmaba que la autoestima es el aspecto más valioso de toda persona y que una autoestima alta tenia resultados muy positivos en la vida de las personas. Además atribuyó muchas enfermedades mentales de la sociedad americana a la falta de autoestima de las personas. Branden sostenía que al construir o educar el autoestima los individuos, éstos podrían alcanzar el éxito tanto en el campo académico como en el campo económico.

A partir de su publicación del aquel libro, las recompensas, premios y refuerzos positivos se volvieron herramientas para "crear" alta autoestima en los niños desde temprana edad. Durante los siguientes 40 años después de la publicación de su libro, miles de artículos se han publicado acerca de diferentes maneras de promover la autoestima en los niños. Muchos de estos artículos y estudios fomentan el uso de recompensas o premios para mejorar la motivación de los estudiantes, mejorar sus calificaciones y sus logros académicos.

Fue recién en el 2003 cuando un estudio reveló que -al contrario de lo que pensaba Branden- la sociedad americana no sufría (ni sufre actualmente) de baja autoestima sino todo lo contrario. Los investigadores además concluyeron que la autoestima no estaba relacionada necesariamente a logros académicos y que de hecho premiar a los niños en la escuela era a veces contraproducente. Los únicos estudiantes beneficiados por el uso de refuerzos positivos y premios suelen ser aquellos con discapacidades o necesidades educativas especiales. De hecho, en el campo de la educación especial el refuerzo positivo, la atención positiva y los premios son un elemento esencial en para lograr las metas educativas a corto y largo plazo que se trazan para cada niño en sus planes educativos individualizados. Las investigaciones sobre el uso de premios en el campo de la educación especial siguen dándose puesto que se ha visto que su uso ayuda a minimizar los comportamientos inapropiados u obsesivos especialmente en aquellos niños con trastornos del espectro autista o aquellos con discapacidad mental o déficit de atención e hiperactividad (el diagnostico desenfrenado de este último es otro tema que lo dejare para otro libro).

El uso de refuerzos positivos en el trabajo con niños con necesidades educativas especiales durante sus primeros años de infancia debe ser considerado dentro del marco de los métodos, de la diferenciación educativa y de los temas relacionados con los comportamientos desafiantes que presentan algunos de estos niños.

El trabajo con niños con discapacidad no sólo requiere una comprensión cabal de las características de desarrollo de cada niño individualmente, sino también de cuestiones relacionadas con sus tendencias y motivaciones específicas. Esto último es importante porque la motivación es un problema común en la mayoría de niños con discapacidad intelectual y de aprendizaje. De hecho, el término *indefensión aprendida*, introducido por Saligman y Maier en 1967, se utiliza con frecuencia para describir el aprendizaje de experiencias de muchos niños con discapacidades intelectuales y de aprendizaje. La *indefensión aprendida* por lo general ocurre cuando una persona ha tenido repetidas experiencias negativas en una situación, por lo que la persona ha llegado a creer que no tiene control sobre el resultado de esa situación específica.

Muchos niños mayores con discapacidades intelectuales o de aprendizaje que han tenido experiencias de aprendizaje negativas desde el principio podrían llegar a desarrollar una actitud de *indefensión aprendida*. Esta actitud se caracteriza por una falta de persistencia y/o de falta de interés en hacer tareas que realísticamente las podrían hacer bien y por sí solos. A menudo se necesita un factor de motivación extrínseca como un reforzador positivo para animar a estos niños a aprender. La motivación extrínseca es de especial importancia durante los primeros años en niños con necesidades especiales. Los elogios y cumplidos -que son una forma de motivación extrínseca- durante el proceso de aprendizaje no son sólo beneficiosos sino a menudo necesarios para trabajar con niños con necesidades especiales pues eso les ayuda a mejorar su motivación y a prevenir que se desarrolle un sentimiento de *indefensión aprendida*.

Los niños pequeños que exhiben comportamientos problemáticos constituyen un 10% de la población preescolar en los Estados Unidos. La mayoría de los niños con trastornos diagnosticados -como trastornos de espectro autista, déficit de atención e hiperactividad y el trastorno oposicional desafiante- pueden exhibir una variedad de comportamientos desafiantes graves durante los primeros años. Los educadores parvularios a menudo no saben cómo hacer frente a los comportamientos desafiantes de estos niños dentro de las aulas inclusivas. Sin embargo, el uso de estrategias de intervención tales como los refuerzos positivos y el ignorar ciertos comportamientos negativos, se ha visto que es muy eficaz en la prevención de comportamientos desafiantes. Por ejemplo, cuando un comportamiento se refuerza positivamente, el comportamiento usualmente se produce de nuevo, y cuando un comportamiento se ignora, éste se reduce. Es un concepto netamente conductista el que se emplea, sin embargo, resulta eficaz en estos casos específicos. El momento y la cantidad de tiempo en el que se proporciona la atención positiva dependerán de las necesidades del niño y de su receptividad a estos refuerzos sociales. Estas estrategias suelen ser más eficaces cuando los profesionales identifican el tipo de reforzador social que es eficaz para cada niño individualmente. Además, es imprescindible evaluar la capacidad de lenguaje del cada niño independientemente de su diagnóstico puesto que una disciplina democrática –cuyo éxito depende de un adecuado desarrollo verbal- puede ser aplicada efectivamente prescindiendo del uso de premios y refuerzos positivos.

Por todo lo dicho anteriormente, es mejor pensar en términos de la función que los reforzadores cumplen en cada caso en vez de descartar del todo su uso. En vez de decir "no" al uso de premios, refuerzos positivos y recompensas como catalizadores del buen comportamiento, mejor hablemos del "cómo" y del "cuándo" usarlas.

Cuando se hace sin sentido y exageradamente, cualquier tipo de refuerzo positivo pierde su eficacia y a menudo tiene el efecto opuesto, incluso en los niños con necesidades educativas especiales. Premiar o elogiar a un niño debe siempre ir de acuerdo con los esfuerzos que el niño haga en aquello que hace. Tenga en cuenta que un niño con necesidades especiales podría necesitar ejercer más esfuerzo en una tarea aparentemente simple -como atarse los zapatos o lanzar una pelota- para alcanzar el mismo nivel de desempeño que un niño que ha desarrollado típicamente. Por eso es imprescindible conocer los alcances y el potencial de cada niño en todas las áreas del aprendizaje. Un niño que es elogiado sin sentido por hacer tareas en las que pone poco esfuerzo podría dudar de la sinceridad de la persona elogiándolo, o peor, podría dudar de su propio sentido de valor. Por el contrario, el elogiarlo o premiarlo como reconocimiento de su esfuerzo genuino puede motivarlo a esforzarse más para alcanzar todo su potencial.

En resumen, queda claro que no todos los tipos de refuerzo positivo son necesariamente los correctos ni son todos beneficiosos.

Sin embargo, como ya vimos, cuando se hace de manera adecuada y deliberadamente, el refuerzo positivo es una valiosa herramienta para motivar a los niños a aprender y para enseñarles comportamientos apropiados.

A continuación, algunas recomendaciones para el uso de refuerzos positivos con niños pequeños:

- Siempre dirija los elogios al comportamiento, no a la persona o a los atributos del niño. Frases como "buen niño" o "¡que niña tan inteligente!" no son solamente subjetivas, sino que además tienen muy poco valor educativo. Por el contrario, los cumplidos o felicitaciones dirigidas al proceso son más beneficiosas. Por ejemplo: "¡qué lindo trabajo hiciste con esa torre de bloques!" o "¡qué bien que seguiste las instrucciones!".

- Haga reconocimientos públicos acerca de los buenos comportamientos que le gustaría ver en sus otros hijos o en sus otros alumnos si es educador. Por ejemplo, si su objetivo es que se sienten en silencio durante una salida a comer, usted puede usar el buen ejemplo de un hijo para animar a los otros hijos a seguirla: "Me encanta como Gaby está sentada tan tranquilita". Evite comparaciones. Simplemente limítese a reconocer el comportamiento positivo.

- Tenga en cuenta que no todos los niños reaccionan positivamente a los elogios y felicitaciones. Algunos niños que son perfeccionistas o autocríticos no les gusta ser elogiados cuando ellos mismos no creen que han logrado el nivel de perfección que aspiran alcanzar para su propia satisfacción.

- Por último, no tenga miedo de agregar valores de juicio a las declaraciones importantes que representan sus valores morales y culturales: "Me encantó ver que fuiste amable y te hiciste amigo de Cristina cuando nadie más quería jugar con ella" Así es como se transmiten los valores culturales y éticos a los niños. Las conductas que son valoradas por la familia y la comunidad se reconocen y se elogian. De esa manera se establecen limitaciones y se provee un marco conductual para los niños. Esto les ayuda a establecer su autodisciplina y los niños aprenden a valorar los comportamientos esperados culturalmente y buscan replicarlas por sus propios méritos.

SEGUNDA PARTE
La autodisciplina

4.

¿Qué es y cómo se desarrolla la autodisciplina?

Para entender cómo se desarrolla la autodisciplina, resulta muy útil primero comprender las dos modalidades bajo las cuales existimos los seres humanos y los tres niveles por los que pasamos en nuestro camino hacia la autodisciplina. Según Sharpiro y White, en *Mindful Discipline*, el esquema desde el que operamos e interpretamos el mundo afecta todo, desde cómo nos sentimos y cómo procesamos la información que recibimos, hasta cómo nos comportamos. Desde el punto de vista fisiológico, la modalidad o el esquema que adoptamos en la vida es un reflejo de los circuitos cerebrales que más han sido activados en la vida de una persona, desde el primer día de vida.

Así pues las dos modalidades que los humanos solemos adoptar son: o bien una modalidad de supervivencia que percibe al mundo como hostil, incongruente y peligroso; o bien una modalidad progresista que percibe al mundo como un lugar amistoso y confiable. Como sospechará, aquellos niños que viven en ambientes poco sintonizados con sus necesidades desarrollan una crónica activación de sus circuitos cerebrales designados al estrés aun cuando en realidad no exista una amenaza evidente. Cuando se vive en este estado de supervivencia, tanto los niños como los padres se estancan en un ciclo vicioso de interacciones reactivas, defensivas y de intentos de controlarse el uno al otro. Por el contrario, los niños que ven sus necesidades satisfechas consistentemente y cuyos padres están bien sintonizados con sus necesidades, desarrollan apertura, curiosidad y resiliencia. Esta es una expresión del espiral natural característico de una modalidad progresista. Los estudios científicos demuestran constantemente que la relación entre padres e hijos es lo que determina nuestra predisposición ante las dificultades de la vida.

¿Cómo entonces llegamos a adoptar una de esas dos modalidades? Imagínese lo siguiente: usted acaba de comerse un rico y jugoso mango y el jugo sigue chorreando por las esquinas de su boca. Lo único que le queda en la mano es la pepa dura, peluda e impenetrable del mango. ¿Se ha preguntado cuál es el propósito de esa pepa? Si tras un duro trabajo usted llega a romper esa dura pepa va a encontrar una vulnerable semilla, y en esa semilla yace todo el potencial de ese mango de convertirse en un fuerte árbol que dé más fruto. De manera que el propósito de la pepa es proteger esa semilla. Cada niño tiene dicha semilla dentro de sí y sus circuitos cerebrales son la pepa, pues están diseñados para una sola cosa: la supervivencia. A esta parte del cerebro se la llama "cerebro reptialiano". El cerebro reptiliano, o primitivo es el más básico e instintivo en el ser humano. La naturaleza nos lo proporcionó junto con los reptiles hace unos 500 millones de años y su única función es garantizar la supervivencia.

Por eso cuando estos circuitos cerebrales primitivos se activan, entramos en una modalidad de respuesta protectora e instintiva de huida, pelea o congelamiento. Esta parte de nuestra psique es una parte sana y natural puesto que para crecer y desarrollar primero hemos de sobrevivir. El problema radica cuando estos circuitos están en un estado de activación permanente. La activación constante de la respuesta al estrés sobrecarga los sistemas de los bebés y niños en pleno desarrollo con consecuencias serias que perduran durante el resto de la vida. Esto es lo que se conoce como estrés tóxico.

Los métodos de disciplina que se basan en el castigo, en la vergüenza y en la separación como herramientas para obtener obediencia de los niños, hacen que los niños estén en un constante estado de estrés. Estos estilos de disciplina enlentecen el desarrollo infantil porque el cuerpo solo puede producir una determinada cantidad de energía y si ésta está constantemente siendo utilizada en los circuitos cerebrales de respuesta al estrés, entonces ya no queda mucha energía para dedicarla a los circuitos cerebrales del desarrollo y del crecimiento. Por el contrario, si satisfacemos las necesidades de nuestros hijos sin recurrir al castigo y a la coerción, esa energía se convierte en energía progresista donde predominan la salud y el crecimiento. Deja de ser una energía conservacionista, o de resistencia, por así decirlo.

El uso de herramientas de amor y de conexión (y no de autoritarismo y de miedo) promueve un sano funcionamiento cerebral, el cual es precursor del desarrollo de la autodisciplina. A través de las nuevas tecnologías se ha podido comprobar en estos últimos veinte años que el cerebro es un músculo cambiante y plástico que responde y se moldea a las experiencias vividas. Aquellos circuitos cerebrales más usados hacen más conexiones neuronales y, por lo tanto, se expanden creando áreas cerebrales más amplias y fuertes. De ahí la importancia de que las experiencias de los niños al ser corregidos en su comportamiento sean experiencias basadas en la reflexión, en la comunicación y en la enmienda y no en el miedo y en la humillación. Esto es porque hay sitios cerebrales también dedicados a activar las emociones más arcaicas y reactivas dedicadas a la autoprotección, las cuales si son activadas frecuentemente se volverán cada vez más fuertes.

Cuando los niños perciben el mundo desde la modalidad progresista, entonces su cerebro se mantiene en una modalidad receptiva. La semilla se abre y germina. Ese es el diseño natural de todo ser viviente. Nuestro rol de padres es simplemente nutrir. Cuando esa semilla recibe la nutrición necesaria, ésta no solo extiende sus raíces (conexión) sino que también extiende su tallo y sus hojas (individualidad). Eventualmente ese tallo crecerá más alto sin necesitar tanta guía y cuidado pues sus raíces fuertes le permitirán encontrar por sí solos los nutrientes necesarios. De eso se trata la autodisciplina.

Según Shapiro y White, en *Mindful Discipline*, los primeros siete años de la vida de un ser humano son años netamente guiados por el impulso y el instinto. El Dr. Dan Siegel, neuropsiquiatra, profesor de UCLA y autor del libro *"El cerebro del niño"* afirma que tanto el impulso como el instinto son funciones del cerebro inferior o primitivo de los seres humanos. Esa es la parte del cerebro poco racional y netamente emocional. La naturaleza ha dotado a los bebés con aquellas funciones puesto que esto asegura que los adultos a su cargo les den la guía, el cuidado y la protección necesaria para sobrevivir. Así pues, los adultos alimentamos a nuestros bebés cuando están hambrientos, los ayudamos a dormir cuando no pueden hacerlo por sí solos, y de igual manera los salvamos de situaciones riesgosas como cuando cruzan la calle sin ver a los lados.

Alrededor de los ocho años los niños empiezan a ser independientes en sus ideas, juicios y creencias. A esta edad los niños han aprendido a discriminar lo bueno de lo malo y lo peligroso de lo inofensivo. Tienen un sistema moral y ético a partir del cual actuar. Ellos exploran y navegan los mares de la vida por su propia cuenta y nos buscan cuando nos necesitan pero ya no de la misma manera que antes. En esta etapa somos sus guías (con o sin solicitud) en aquellas instancias en las cuales no pudieron juzgar por si mismos lo bueno de lo malo o cuando sus intentos de aplicar lo aprendido han fallado en el mundo exterior. Esta etapa es de mucha reflexión. Los niños se sienten orgullosos cuando saben que han hecho lo correcto y sienten arrepentimiento y vergüenza cuando saben que han optado por lo incorrecto. Ellos son jueces de sí mismos. Estos sentimientos de orgullo o de culpa son evidencia de que los niños han desarrollado su propio compás interno de disciplina. Todo esto nos dice que van por buen camino.

Alrededor de los 14 o 15 años es cuando los seres humanos pasamos de una etapa enjuiciadora y auto-sentenciadora a una etapa auténtica de autodisciplina en la que estamos muy conscientes de lo que sentimos, de lo que queremos, de lo que vemos y de lo que creemos acerca del mundo. Empezamos a cerrarnos un poco ante la influencia de nuestros padres, de las reglas y los roles de la sociedad. Nos rodeamos de gente parecida a nosotros y buscamos aceptación de ellos. Es una etapa de auto-descubrimiento y de una necesidad de pertenencia. Estamos más conscientes de las motivaciones de nuestros actos y cuando nuestros instintos e impulsos intentan tomar control de nuestros cuerpos y mentes, entonces intentamos frenarlos y contrarrestarlos. Aquí es cuando existe un acto consciente de actuar. Esta capacidad de actuar desde la conciencia y no dejarse vencer por los impulsos es lo que denominamos *autodisciplina.*

5.

Preparando el campo para la siembra

Tal como sucede en el mundo vegetal, los mejores frutos son aquellos que se planearon cuidadosamente aún antes de sembrar la primera semilla. El labrador procura facilitar la circulación del agua para un riego correcto, destruye las malas hierbas, hace menos compacta la tierra adecuándola así para la siembra; mejora la estructura y textura del suelo y prepara el camino para sembrar. Después de la siembra, el agricultor o cultivador vigila el crecimiento de la planta asegurándose de que tenga suficiente luz solar, de nutrir el terreno con abono u otros fertilizantes para el suelo, regándolo con agua regularmente. Todo esto asegura que el fruto sea de buena calidad. Es lo mismo con la autodisciplina. Mientras más pronto empecemos la construcción de los cimientos necesarios para la autodisciplina, más rápido veremos los frutos de nuestro trabajo.

Queremos que nuestros niños lejos de ser perfectos, se conviertan en seres humanos capaces de manejar sus propias vidas, guiados por el compás de la buena moral. Si bien siempre es posible construir los cimientos más tarde en la vida de los niños, al hacerlo desde el inicio, el camino promete ser más fácil. Al contrario de lo que afirma el popular dicho "árbol que crece torcido, jamás su tronco endereza", aquel tronco de la disciplina sí se puede enderezar. Hoy, gracias al aporte de la ciencia, sabemos que el cerebro es moldeable y su plasticidad permite activar aquellos circuitos cerebrales que no han sido activados antes, permitiendo así a los padres acostumbrar a los niños a una nueva modalidad de disciplina. Una modalidad basada en la seguridad y no en el miedo, en la confianza de sus capacidades y no en la vergüenza y la humillación.

A continuación entonces describo cómo preparar el campo para la educación de la autodisciplina a través de la preparación mental, de un espacio apropiado, de límites razonables y de guía. Después de preparar el campo veremos también cuáles son los nutrientes que garantizan que esa planta crezca sana y fuerte.

Preparación= Labranza

La labranza consiste en preparar la tierra para la siembra. La labranza involucra facilitar la circulación del agua para el riego correcto, destruir las malas hierbas, hacer menos compacta la tierra adecuándola así para la siembra agrícola, y mejorar la estructura y textura del suelo.

La preparación consiste en adecuar las mentes adultas para la crianza. La preparación involucra facilitar la comunicación entre la pareja para un entendimiento correcto, destruir los mitos que dificultan la crianza, hacer menos cuadrada la menta adecuándola así para la adaptación a situaciones potencialmente difíciles , mejorar la dinámica y la comunicación familiar.

1. *Preparación – labranza*

A pesar de que a nadie nos gusta admitirlo, la gran mayoría de nosotros empezamos criando inconscientemente y sin mucha preparación. Una vez que somos padres tendemos a adoptar aquellas filosofías que confirman, justifiquen y que se asemejen a nuestra experiencia en vez de decidir de antemano qué tipo de experiencias o qué tipo de crianza queremos llevar con nuestros hijos. Rechazamos lo nuevo o aquello que nos es poco familiar porque aceptarlo significaría admitir que de alguna manera lo hemos estado haciendo "mal". Sin embargo, es justamente en esos procesos inconscientes y en aquellos de absoluta negación donde reposan las cadenas negativas de crianza.

Todos tenemos una historia y un bagaje. Muchos de nosotros tenemos recuerdos muy lindos sobre nuestra infancia y por lo general tuvimos padres que respondieron efectivamente a nuestras necesidades y nos dieron una familia lo suficientemente coherente y organizada. Algunos de nosotros, sin embargo, también recordamos partes frustrantes de nuestra infancia. Por ejemplo, cuando nuestros padres no se comportaban de manera predecible o cuando nos asustaban con sus reacciones irracionales. Otros han tenido la experiencia de la separación de sus padres o de vivir solo con mamá o solo con papá e incluso otros han tenido la experiencia de vivir con los dos pero en un hogar con poca interacción entre pareja y/o con padres que mostraban poco interés en sus hijos. Desafortunadamente, también hay quienes que han tenido la peor de las experiencias, aquellas relacionadas con la desorganización familiar y con el abuso físico y/o emocional.

Las experiencias que hayamos tenido en la infancia influencian de gran manera nuestra forma de criar y de entender lo que significa la crianza. Por lo general, los humanos tenemos la tendencia de criar a nuestros hijos de la manera en que nos criaron. Estas cadenas de crianza se repiten a través de los años. Sus hijos recordarán las cosas que usted como madre o padre hacía y así el ciclo continuará. Todas las experiencias positivas o negativas que usted haya vivido en la infancia dejan una impresión en su mente que inconscientemente servirán de modelo al usted volverse padre o madre. Hasta que entendamos exactamente cómo nos hemos estado desempeñando de modo inconsciente, nuestra tendencia será el no querer abrirnos a la posibilidad de criar a nuestros hijos con ideales totalmente diferentes a los que hemos conocido. Al no enfrentar nuestras propias sombras del pasado, les estamos legando a las nuevas generaciones nuestras expectativas no cumplidas y nuestros sueños frustrados. Más allá de nuestras buenas intenciones, al no concientizar nuestra crianza estamos esclavizando a nuestros hijos con la herencia emocional recibida de nuestros padres, y a través de ella, les transferimos toda la legacía emocional dolorosa de nuestros ancestros. La naturaleza de lo inconsciente es tal que seguirá pasando de generación en generación hasta el día en que finalmente sea metabolizada. Solo a través de la concientización y la conciliación de las heridas podremos finalmente terminar con una cadena de dolor que se arrastra de generación en generación

Sea cual fuere el estilo con el que usted fue criado, cuando tenga su primer hijo, tendrá que enfrentarse con sus primeras reflexiones. Si lo que quiere es darles a sus hijos el mejor chance de ser exitosos en la vida, es necesario que usted se prepare de antemano y haga un esfuerzo consciente para que su reflexión resulte en un cambio positivo, en una nueva perspectiva de crianza que haga posible la educación para la autodisciplina.

Para un buen comienzo de este proceso es imprescindible conversar con su pareja acerca de sus infancias para ver en dónde están las similitudes y las diferencias entre las maneras en que fueron criados. Después de haberse reído un poco con su pareja, concéntrese en aquellos aspectos de la crianza que podrían resultar problemáticos. Les servirá mucho como pareja encontrar puntos de desacuerdo en lo que se refiere a la disciplina, de manera que puedan conversarla de antemano. Al hacerlo así, estarán más preparados para enfrentar situaciones difíciles y al presentarse ante sus hijos como un frente unificado no quedará lugar para la duda o la posible confusión de parte de ellos.

Cabe aclarar que es imposible anticipar o prepararse para todas las situaciones, y es aún más utópico el pretender estar listos para responder eficaz y apropiadamente en todo momento. Lo que sí es posible, sin embargo, es que la pareja adopte la misma filosofía de crianza que será la que guíe su manera de reaccionar y de solucionar las diferentes situaciones. Esto es similar a un arquitecto que construye una maqueta para tener una buena y clara idea de la ubicación de los cimientos y poder anticipar donde se deberá reforzar los puntos débiles de una construcción.

Otro paso importante en este proceso es recordar que los primeros tres a cinco años son los más importantes en la vida de un ser humano porque dejan una impresión en nuestra psicología que nos sirve de guía el resto de nuestras vidas. Esos primeros años no se recuperan. Sin embargo, esto no significa que para ser buenos padres tenemos que olvidarnos de nosotros mismos, darnos a nuestros hijos a tiempo completo y renunciar al trabajo. Si usted tiene el privilegio de dejar de trabajar para ser madre o padre a tiempo completo, pues le felicito por tener esa suerte y por la decisión de quedarse en casa. Es una inversión muy valiosa la que usted está haciendo. Si por el contrario sus hijos pasan una buena parte del día con sus abuelas, en la guardería, o con una niñera, le recomiendo que establezcan con aquellos cuidadores una filosofía de crianza común.

Espacio= Creación de un ambiente adecuado

Si quieres plantar más de una semilla en tu maceta debes cuidar que ellas tengan un espacio apropiado con la suficiente libertad para desarrollarse. Cuanto más espacio tenga la planta, más hojas desarrollara y podrá formar ramas laterales más grandes, gracias a las cuales el crecimiento se acelerara aún más. Al principio, el crecimiento siempre será lento, hasta que la planta tenga hojas suficientes para conseguir cierta velocidad de crecimiento. Si en cualquier momento existe falta de espacio en la zona de crecimiento debida a una escasa o nula extracción de nutrientes, entonces, el desarrollo de las plantas se retrasará.

Si quieres educar más de un hijo en tu hogar debes cuidar que cada uno tenga el espacio apropiado con suficiente libertad para desarrollarse. Cuanto más espacio tenga el niño, mejor conexión desarrollara con sus padres y podrá tomar decisiones cada vez más certeras, gracias a las cuales, su autodisciplina se acelerara aún más. Al principio, la autodisciplina siempre será lenta hasta que el niño haya establecido un vínculo de apego seguro para conseguir cierta independencia. Si en cualquier momento existe falta de espacio en la zona de crecimiento debida a una escasa o nula extracción de nutrientes, entonces la autodisciplina se retrasará.

2. Espacio

Jane Nelsen, conocida autora sobre temas de disciplina positiva, habla de la necesidad de los humanos de vivir en comunidad, de pertenecer y de ser valorados. La pertenencia se refiere a la necesidad de conexión con otros y de la atención que necesitamos recibir unos de otros. La valoración como seres humanos, por el contrario, se refiere a la necesidad de autonomía, de tener un espacio de decisión y de expresión, y de tener algo de soberanía para decidir el rumbo de nuestras propias vidas. Cuando los niños no están recibiendo cantidades apropiadas de los dos, téngalo por seguro que las buscarán y las encontrarán de una manera u otra.

Pues bien, regresando a la analogía de las plantas, no es sorpresa para usted el que yo le diga que al igual que ellas los niños necesitan su espacio para crecer. Un buen jardinero que quiere que su planta crezca, se asegurará que ésta tenga un área lo suficientemente amplia para que eso suceda. Y no solo eso. Si lo que se quiere es plantar más de una semilla debemos además cuidar que cada una tenga un espacio apropiado para que cada raíz y cada planta puedan libremente desarrollarse. Cuanto más pueda crecer cada planta, más hojas desarrollará y podrá formar ramas laterales más gordas, gracias a las cuales el crecimiento se acelerará aún más. Es igual con los niños. Si sus cuerpos y mentes están siendo constantemente sobre-estimulados con ideas, perspectivas e información, ellos no podrán ser sí mismos, ni podrán ser capaces de encontrar sus propios intereses. Al dar espacio a los niños estamos permitiendo el desarrollo de la asertividad y de la autonomía. Estamos permitiéndoles ser capitanes de sus propios barcos. Al dejar que los niños elijan su ropa, el color de sus zapatos, o que decidan qué comidas quieren comer entre las opciones presentadas, estamos permitiendo que nos demuestren lo que piensan, lo que prefieren y lo que sienten. Por el contrario, si nos concentramos en controlarlos en vez de darles espacio y opción, estamos entorpeciendo su camino natural hacia la autodisciplina.

Cuando realmente entendamos la importancia de darles espacio a los niños, entonces intuitivamente vamos a empezar a encontrar formas de proveer más opción y menos control. Lo más importante, tal vez, es que al dar más espacio y ejercer menos control nos estamos permitiendo a nosotros mismos disfrutar de nuestros hijos. El espacio y la libertad nutren y permiten el desarrollo de la autodisciplina porque dan a los niños un sentido de responsabilidad de sus propias acciones, el cual no es posible cuando los adultos constantemente les dicen qué hacer, cómo hacerlo y qué no hacer. El permitir que los niños sean autónomos en sus decisiones implica que poco a poco ellos confiarán cada vez más en su capacidad inherente de tomar decisiones apropiadas.

Los niños nacen con un deseo natural de explorar, de curiosear y de entender cómo funciona el mundo. Ellos son pequeños científicos que naturalmente quieren aprender acerca del mundo creando sus propias hipótesis, experimentando con diferentes soluciones y llegando a sus propias conclusiones. Estas cualidades innatas se pierden con el tiempo pues los niños se enfrentan a un mundo en donde los adultos ponen una excesiva presión sobre aquello que los niños "deben" saber o aprender a determinada edad. Las escuelas tradicionales se basan en esta idea de que existe un cierto número de cosas que los niños deben saber a determinada edad y, por lo tanto, se ejerce presión y autoridad para que los niños las aprendan aun si no están listos o interesados en ellas. Este sistema todavía muy prevalente, lamentablemente, trae consecuencias desfavorables para los niños.

Cuando los niños son libres de explorar sus gustos y sus intereses, ellos crecen sintiéndose conductores y agentes de su propia vida. Cuando esas cualidades son preservadas, entonces los niños empiezan a sentirse responsables de sus propios actos. Se hacen responsables de sus decisiones y, por ende, ponen más atención a las consecuencias de sus actos. Nada de esto sería posible si los controlamos o manipulamos desde una posición de autoridad. Los niños solo serán capaces de aprender de sus errores cuando sienten que tienen total soberanía sobre sus actos y decisiones. Al darles esa libertad ellos naturalmente se comportarán mejor y tendrán un deseo natural (no forzado o impuesto) de cooperar y de ser parte del equipo familiar.

Lamentablemente, nuestra cultura tiene una errada noción de que si no son controlados desde el inicio, los niños irán por el mundo comportándose como una suerte de bárbaros salvajes sin medida ni compás. Se nos ha hecho pensar que nuestro papel de padres es siempre el de castigar y de chantajear para convertirlos en niños buenos. Y si bien es cierto que los niños son egocentristas por mucho tiempo y tienen poco control de sus impulsos los primeros años de su vida, la ciencia actual contradice esa noción de que los niños son inherentemente "malos" y que hay que "convertirlos en buenos". Por otro lado, como lo vimos anteriormente, la evidencia científica apunta a que los métodos basados en el castigo no hacen a los niños más empáticos y más éticos, sino menos.

Veamos como incide el control excesivo (lo cual es opuesto al espacio) en el comportamiento de los niños:

El primer resultado del control excesivo es el desafío. Cuando los niños se sienten controlados o irrespetados ellos muestran conductas desafiantes. Por ejemplo, los niños de 3 o 4 años suelen decir "¡No!" o "¡tú no me mandas!" cuando sienten que su autonomía está siendo amenazada. Esta es simplemente una reacción protectora diseñada para preservar el sentido de potestad en su propia vida. Esta reacción- a pesar de que a los padres no nos gusta- es una señal sana de que nuestros hijos están ejerciendo su derecho de existir y de hacer saber sus opiniones.

El segundo resultado del control excesivo es la completa sumisión ante toda persona que ejerza autoridad. Un niño que es constantemente controlado puede sentir que es muy peligroso desafiar a la autoridad y, por lo tanto, obedece a toda orden para evitar enojos, confrontaciones y por miedo a perder el amor de sus padres. Esto podría parecer algo bueno en la superficie. Una madre le pide a su hija que limpie sus juguetes y la amenaza con un castigo si no lo hace. Como resultado, ella hizo lo que la madre pidió y esa madre siente que las amenazas son efectivas. Sin embargo, al usar esos métodos lo que realmente se está haciendo es crear una mentalidad en los niños de víctimas. Se les está enseñando que es inútil resistirse y, por lo tanto, su manera natural de enfrentar la vida será rendirse ante los mandatos y órdenes de otros, así no sean sus padres.

Mientras más controlado esté un niño por sus padres, más vulnerables serán ellos a ser controlados, ordenados y abusados por otros. Por otro lado, al controlar a los niños no les estamos permitiendo que desarrollen un sistema interno de responsabilidad. Estos niños serán menos propensos a tomar iniciativas y a resolver problemas por sí solos. Estarán siempre a la espera de un adulto que les diga qué hacer o qué castigo cumplir.

Por último - y esto es lo más importante- ejercer mucho control **arruina las relaciones y la conexión entre padres e hijos**. ¿Cómo? El excesivo control comunica a los niños que el acatamiento de las reglas es más importante para los padres que su bienestar, dignidad y felicidad. Cabe aclarar, sin embargo, que aquí estamos hablando de un control excesivo que los padres ejercen constantemente. Aquellas instancias de control esporádicas que sean necesarias para mantener la salud o seguridad de nuestros hijos (como para evitarles de un accidente inminente) no van a influir o a dañar permanentemente la relación. Se trata de no caer en extremos. Si controlamos mucho podríamos estancarnos en dos ciclos negativos de los cuales será difícil salir. O bien los niños se portarán desafiantes en todo momento simplemente porque querrán ejercer su derecho a ser autónomos; o bien se convertirán en niños sumisos y propensos a ser víctimas de la gente mal intencionada en el mundo. Al otro extremo, e igual de nocivo, está la excesiva libertad. Si renunciamos por completo al control y los dejamos que lo decidan todo y que ejerzan su autonomía aún a expensas del bienestar nuestro o de otros, entonces estaríamos permitiendo que se conviertan en pequeños dictadores tanto en el hogar como en sus círculos sociales fuera del hogar.

Para proveer un espacio adecuado sin caer en la permisividad le ofrezco algunas ideas:

1) Dé a sus hijos algo de libertad para ejercer su autonomía. Permítales elegir sus opciones y preferencias en la medida de lo posible. Esto les ayudará a desarrollar responsabilidad y aumentará sus deseos de colaborar y de sentirse competentes.

2) Intervenga solo cuando sea realmente necesario y permita que sean ellos quienes tomen decisiones en la medida de lo posible, aún si estas decisiones terminan no siendo las correctas. Solo así podrán aprender de sus errores y aprenderán a hacerse responsables de sus propios actos. Si usted no ha estado acostumbrado a dar este espacio, un buen inicio de este proceso es adaptar la casa a la edad de sus niños y convertirla en un lugar más libre y seguro para ellos. Así se evitará estar en un constate estado reactivo caracterizado por frases como "no topes eso", o "no juegues con lo otro".

3) Permita que los niños intenten hacer ciertas cosas aún si éstas causan algo de caos o suciedad. Por ejemplo, permita que su niño de 4 años se sirva su propia leche o jugo en el vaso. Seguro las primeras veces va derramar jugo por aquí y por allá pero mientras más practique, mejor lo hará. Inicialmente usted puede ayudar con ciertas cosas como agarrar el vaso y poco a

poco permitirle que lo vayan haciendo solos. Si riega el jugo, tómelo con calma y pídale ayuda para limpiar. Sabemos que no va a limpiar perfectamente pero la intención y la colaboración es lo que cuenta. El deseo de ayudar a limpiar y a hacerse responsable de sus propios derrames o destrozos es una buena señal de que la autodisciplina está en formación.

4) Permita que tengan su espacio incluso en el error y la frustración. Muchos niños hoy en día han sido privados del valor de la frustración. Muy a menudo se ven padres que saltan inmediatamente a la primera señal de frustración para ayudar a sus niños a sacarse o a ponerse los zapatos, a jugar exitosamente con sus juguetes, a trepar las escaleras y otros juegos del parque o a insertar esa pieza del rompecabezas que no parece caber en su lugar. Todas esas frustraciones son necesarias para desarrollar perseverancia y resiliencia. Los retos de la vida son justamente los que motivan a nuestro cerebro a encontrar soluciones. Si siempre estamos dando soluciones a nuestros hijos y haciendo las cosas por ellos, entonces estamos privándoles de la oportunidad de aprender y de pensar por sí solos.

Límites razonables = Colocación de un arbusto

Todo jardín que se precie necesita de arbustos o setos para limitar los espacios. Un seto es una muralla viva en continuo crecimiento que nos aleja de las miradas ajenas y del mundanal ruido. Cuesta un poco implementarlos, eso nadie lo niega, pero también tienen sus ventajas frente a una inamovible valla o cercado de madera. Las podas dan vigor al arbusto puesto que así se consigue tupidez y uniformidad.

Todo hogar que se valore necesita de fronteras o márgenes para limitar los comportamientos. Un límite es una muralla viva en continua transformación que nos aleja de la permisividad y la negligencia. Cuestan un poco implementarlas, eso nadie lo niega, pero también tienen sus ventajas frente a unos límites inflexibles y poco razonables. El despoje de mitos da vigor a los límites puesto que así se consigue más cooperación y equilibrio.

3. Límites razonables

Durante la década de los sesentas, la psicóloga Diana Baumrind condujo un estudio con más de 100 niños de preescolar. A través de observaciones, entrevistas a padres y otros métodos investigativos, ella encontró que los niños que crecen en ambientes sin límites tienen niveles más bajos de auto-control, son más egocentristas, menos sociables y tienden a tener menor interés y desempeño académico.

Hoy por hoy, los psicólogos del mundo coincidimos en que un ambiente sin límites hace a los niños sentirse inseguros. Esta inseguridad pone al sistema límbico en un estado reactivo, lo cual interfiere con su capacidad de autorregulación de sus emociones. También afecta su capacidad de aprender y de socializar apropiadamente. Sobre la necesidad de límites no existe controversia. Todos sabemos que para sentirse seguros y desarrollar sanamente, los niños necesitan sentir que sus padres están a cargo de ellos y del ambiente que los rodea. La controversia entonces no está en la necesidad de límites sino en la definición del término y en la tendencia a caer en extremos.

Por un lado están aquellos que erróneamente piensan que una crianza sensible a las necesidades de los niños es sinónimo de permisividad o de falta de límites. Este tipo de padres suelen ser del tipo autoritario y juzgan a los padres sensibles y condescendientes de "dejarse manipular" por sus hijos. En el mundo de los padres autoritarios el uso de la palabra "negociación" es digno de una amonestación parecida a la tarjeta amarilla en la cancha de fútbol. El temor de estos padres es que al permitir a los niños dar su opinión y expresar sus preferencias, se les concede poder. Estos padres piensan que los niños a quienes se les da la opción de opinar y de tener algo de autonomía serán niños "manipuladores". La realidad es que el mundo funciona según los principios de la diplomacia y la democracia, de manera que negociar con los niños les dará las herramientas que necesitarán en el futuro para ser exitosos y justos con otros. Cuando los padres utilizan el poder y la dominación para sustituir la negociación, estos padres pierden la oportunidad de enseñar a sus hijos valiosas lecciones de negociación y, por el contrario, les están enseñando que la agresividad y la coerción son las mejores herramientas para conseguir lo que se quiere.

Por otro lado están los padres muy sensibles y muy condescendientes. Usualmente justifican su permisividad tras el emblema del "respeto a los derechos de los niños". Estos son padres quienes permiten el despliegue de todo tipo de comportamientos- unos peligrosos, otros inapropiados- sin ningún tipo de restricción. Son padres negligentes disfrazados de respetuosos y no se dan cuenta que no les están haciendo ningún favor a sus hijos pues ellos crecerán inseguros y, lo que es peor, una vez que estén integrados en la sociedad tendrán que aprender a la dura, pues la extrema suavidad no les ha enseñado a distinguir lo apropiado de lo inapropiado.

A qué nos referimos entonces con el término "límite". Los diccionarios populares definen a la palabra límite como "fin, grado máximo, tope", o también como "punto, grado o término que no puede rebasarse". En definitiva limitar significa restringir, prohibir, o impedir. Cuando hablamos de la necesidad de límites, no estamos hablando de la necesidad de controlar a los hijos en todo momento. Estamos hablando de impedir comportamientos negativos, peligrosos o inapropiados mediante el establecimiento de límites razonables y justificados. En algunos casos no seremos los padres quienes limitemos sino que será la vida misma mediante su orden natural. Por ejemplo, no ganamos el partido de fútbol, tampoco nos invitaron a la fiesta de cumpleaños a la que tanto nos gustaría ir, ni tampoco podemos revivir a la mascota que se nos murió. Estas situaciones sobre las cuales tenemos poco control también son límites, y los niños deberán aprender a aceptarlas al comprender que hay ciertas cosas en la vida que no se pueden cambiar.

Otros límites son impuestos por los padres con el propósito de evitar accidentes. Les pedimos que no se metan cosas a la boca porque se pueden ahogar o atorar, que no se acerquen a la estufa porque se pueden quemar, o que no jueguen con el cuchillo porque se pueden cortar. Les pedimos usar el cinturón de seguridad y el asiento de bebés o "car-seat" porque sabemos que es por su seguridad así ellos todavía no lo entiendan. Hay ciertas reglas no negociables que se hacen por amor. El amor es protector y el mensaje que recibe el niño al recibir un límite de este tipo es justamente un mensaje de protección.

Hay otros límites que tienen que ver más con el establecimiento de un orden social y con el bienestar físico nuestro o de otros. En el parque, por ejemplo, les prohibimos de jugar bruscamente cuando vemos que sus movimientos corporales (así no sean intencionados) pueden lastimar a otros niños a su alrededor. Les pedimos que esperen su turno en las filas de las ferias o de los parques de diversión porque ese orden es necesario para mantener la armonía social. Si nos levantan la mano a nosotros, más allá de si nos duele o no, les decimos que no se debe pegar porque eso lastima no sólo los cuerpos sino las relaciones. Es nuestra responsabilidad guiarlos y enseñarles otras conductas más aceptables para expresar sus emociones. Se trata entonces de poner límites al comportamiento (que en este ejemplo fue pegar) mientras que al mismo tiempo se acepta la emoción que llevó al niño a dicho acto. No se intenta eliminar la emoción, porque toda emoción es válida sea positiva o negativa, agradable o desagradable. El límite está en el comportamiento, no en el sentir. Lo que se intenta al establecer un límite es prohibir, eliminar o redirigir las conductas inapropiadas, las mismas que deben ser entendidas como síntomas de una emoción desagradable que no ha sabido expresarse correctamente. Para que una conducta inapropiada pueda ser eliminada exitosa y democráticamente, el niño debe ser presentado con opciones de conductas más apropiadas a través de las cuales él pueda desfogar esas mismas emociones desagradables la próxima vez que se presenten. A veces basta con enseñarles el lenguaje de las emociones; otras veces será necesario presentarles opciones más concretas como morder o pegar a una almohada o hacer trozos a un pedazo de papel. Todas estas son acciones que permiten el desfogue de la ira. Para unos niños el ejercicio exhaustivo es terapia, para otros la música a todo volumen produce el mismo efecto. Habrá que ir experimentando para encontrar el canal más apropiado para la expresión de las diferentes emociones desagradables que están detrás de los comportamientos inapropiados.

Existen también límites cuyo objetivo es proteger su salud física, mental y psicológica. Les prohibimos o limitamos en su consumo de dulces y helados porque sabemos que no es nutritivo y porque además les produce caries en los dientes. Prohibimos ciertos programas de televisión que son violentos o producen pesadillas porque sabemos que aquello influye directamente en su comportamiento y/o en su capacidad de dormir bien por la noche. Limitamos el uso de la tecnología porque sabemos que pasar mucho tiempo frente a las pantallas es perjudicial para sus cerebros en desarrollo. Todos estos son límites razonables y justificados, y deben ser concebidos como un regalo para nuestros hijos, no como un castigo.

Los límites razonables y justificados son beneficiosos puesto que mantienen a los niños sanos y fuera de peligro. Les ayuda a fortalecer su capacidad de controlar los impulsos y fomenta su capacidad de adaptarse a situaciones adversas. Al establecerlos, los límites son más efectivos cuando son dados de manera firme y concisa. Eso no significa que debamos subir la voz o que debamos portarnos poco amables con ellos. Significa simplemente que nuestro lenguaje corporal y nuestro tono de voz proyectan solidez en nuestra decisión y firmeza en nuestras palabras. Muchas veces para imponer un límite creemos necesario hacerles sentir miedo y entonces empieza la función teatral del padre o de la madre "dominante". La función teatral más o menos se ve así: abrimos los ojos bien grandes, alzamos la voz, sacudimos el dedo índice, todo al mismo tiempo mientras enviamos aquel mensaje limitador, buscando obtener de ellos una total sumisión sin opción a cuestionar.

No olvidemos que los niños son seres sumamente sociales y han nacido con la capacidad de interpretar el lenguaje corporal de sus cuidadores. Ellos pueden ver más allá del show teatral de sus padres para obtener obediencia y sumisión. Y cuando no se trata de un teatro, sino de una emoción real de los padres que se ha desbordado, el mensaje que esto comunica es "mi papá no sabe qué hacer" o "mi mamá no está a cargo de la situación". En ambos casos los padres proyectan estar fuera de control de sí mismos. Muchos niños tal vez obedezcan ante el real o aparente desborde emocional no necesariamente por miedo a la figura de autoridad sino porque no quieren ver que aquella persona querida pierda aún más sus cabales.

Otros niños, ante el show, no obedecen del todo. Y es que es obvio. Cuando los niños no están acostumbrados al castigo y lo único que han conocido son tratos sensibles y cariñosos, un espectáculo de esa índole puede resultar muy entretenido y les causa risa. Es justamente en este tipo de situaciones cuando los padres se sienten dudosos acerca del tipo de crianza que han decidido llevar. Dicen cosas como: "es que no me toma en serio por más que le grito y el hijo de mi amiga obedece al primer grito". Este razonamiento es justificado. Para empezar, es verdad que no les toman en serio porque para tomarles en serio primero tienen los padres que mantener la calma, proyectar que son personas centradas, firmes y serias, y no personas frágiles que están fuera de control. El hijo de la amiga, por el contrario, sí la toma en serio porque ha aprendido que le va a ir peor si no lo hace. Sin embargo, el castigo o la reprimenda, como hemos visto, no enseñan nada al niño acerca de la necesidad del límite y es muy probable que dada la misma situación en el futuro, ese niño "que lo hace a la primera" vuelva a cometer el mismo error siempre esperando de su madre la misma advertencia o el mismo castigo.

Todos los límites descritos en los párrafos anteriores son razonables y necesarios, más allá de nuestra habilidad de imponerlos. Hay otros límites, sin embargo, totalmente innecesarios que nos complican la vida y convierten nuestro hogar en un campo de batalla. Estos límites suelen estar relacionados con una necesidad de los adultos de mantener una vida organizada y/o estimulante. Muchas veces en el afán de organizar o de proveer estimulación, terminamos estresando con orden y sobre-estimulando con actividades, logrando simplemente un ritmo de vida igual o más estresado que el nuestro. Dentro de este grupo de límites y de reglas innecesarias también están aquellas que se establecen en función de los adultos. Son los padres quienes necesitan un baño todos los días (los niños no transpiran igual que los adultos de manera que bañarse saltando un día es perfectamente sano); son los padres quienes necesitan ir a dormir a una misma hora porque trabajan al siguiente día (los niños solo necesitan dormir sus horas completas para conseguir que sus cuerpos descansen); son los padres quienes se benefician de los halagos de sus amigos y familiares al ver a sus hijos vestidos de fiesta con zapatos de punta o tacón, con pantalones o vestidos poco cómodos y con corbatines o listones (a los niños no les interesa verse tiernos ni elegantes, solo les interesa la comodidad); son los padres quienes comen tres veces al día pues sus cuerpos pueden aguantar sin comer por algunas horas (los niños pequeños consumen más energía proporcionalmente que los adultos, y por lo tanto, necesitan comer más frecuentemente); son los adultos quienes sienten frio y necesitan usar suéteres o chaquetas más abrigadas (los cuerpos de los niños y bebés tienen temperaturas más calientes que los adultos y por lo tanto sus cuerpos no sienten tanto frio). En definitiva, los adultos tendemos a poner reglas desde la perspectiva adulta y no en beneficio de los niños. Estas reglas a menudo causan más estrés en el ambiente familiar.

Además de las reglas innecesarias, está la obsesión con los horarios, las actividades estructuradas y el orden. No es nuevo para usted el que yo le diga que llevar vidas muy ocupadas y en constante actividad pone al cerebro en un estado de constante estimulación, lo cual se traduce en estrés. Los adultos somos muy buenos al identificar las actividades que nos causan estrés. Somos rápidos al darnos cuenta cuando las demandas o reglas de nuestros trabajos están empezando a afectar nuestra salud, y por lo general, tomamos medidas para intentar evitarlas.

Ahora pensemos en los niños quienes no tienen ni la madurez ni la autonomía para decidir qué actividades llenarán su agenda diaria. Están a la merced de sus padres y de las actividades u horarios que ellos hayan programado para el día. Aquellos niños menores a 4 años que no van ni a la guardería ni a la escuela y que tienen a un adulto permanentemente en casa, tienen por lo general una vida más tranquila con opción al juego libre y a algo de aburrimiento, el cual es necesario para despertar sus mentes y dar paso a la imaginación. Aquellos que van a las guarderías o centros educativos, por lo general, tienen un día lleno de actividades estimulantes y de oportunidades de juego estructurado y de socialización. Al igual que usted al regresar del trabajo, los cerebros de estos niños también están en un estado de alerta después de una mañana llena de actividades. Sus cerebros necesitan descansar y sus cuerpos buscarán la manera de hacerlo por sí solos. Sin embargo, si los adultos añadimos más estrés al imponer más actividades estructuradas y más horarios al regresar a casa, entonces estamos siguiendo la receta para el conflicto. Cierto es que los horarios permiten a los adultos llevar una vida más organizada, sin embargo, recuerde que somos los adultos quienes los necesitamos para poder satisfacer las demandas de la sociedad actual. Los niños pequeños, por el contrario, no necesitan horarios y organización, lo único que necesitan son rutinas. Dejemos los horarios y la organización para aquellos niños de edad escolar.

En este punto es precisa una diferenciación entre horarios y rutinas puesto que a menudo se utilizan como sinónimos pero en realidad son dos cosas muy diferentes. Las rutinas son necesarias para establecer un ambiente seguro y predecible para los niños. La rutina es hacer lo mismo casi diariamente y más o menos en el mismo orden. Horario, por el contrario, significa ponerle una hora a todo lo que hacemos. La rutina significa tener la costumbre de salir a caminar por la tarde después de comer; o lavarnos la boca antes de ir a la cama. El horario significa que debe dormir la siesta a las 5 de la tarde, esté o no esté con sueño, por ejemplo. Las rutinas permiten al niño sentir que hay un ambiente predecible. Los horarios, por el contrario, hacen sentir a los padres y a los bebés esclavos del tiempo y son límites que causan estrés innecesario en el ambiente familiar.

Llevar vidas sobre-estimuladas es la receta para el estrés y el caos familiar. Los niños necesitan tiempo para estar "sin hacer nada" y el aburrimiento es justamente lo que despierta la imaginación. Los niños necesitan espacios de silencio, espacios de libertad y de poca estructura. El llevar vidas muy estructuradas hace que los niños inviertan su energía en prepararse mentalmente para la actividad que viene después en vez de disfrutar de los aprendizajes de la actividad del momento. Y es que los niños naturalmente viven en el presente pero cada vez más los adultos les privamos de la oportunidad de vivir en el momento y de jugar libremente porque estamos preocupados de prepararlos para un mundo competitivo. No nos damos cuenta que al llenar sus días de actividades -si bien éstas les enseñan nuevas habilidades- estamos sobrecargando sus sistemas cerebrales, y al hacerlo, ponemos en jaque también a nuestra paciencia puesto que el precio a pagar por la sobre-estimulación es el conocido "mal comportamiento". Seremos nosotros quienes tengamos que gestionar los malos comportamientos que son producto de niños cansados y sobre-estimulados. Seremos nosotros quienes tengamos que lidiar con niños mal genios, niños que se quejan constantemente, que demandan la atención que necesitan de sus padres de maneras poco apropiadas. Somos nosotros quienes creamos niños que no pueden entretenerse por sí solos puesto que no han aprendido a aburrirse y requieren de la dirección constante de sus padres cuando por fin se ven con algo de tiempo libre y "sin nada que hacer".

Para terminar este capítulo le ofrezco algunas ideas:

1) Siempre explique la razón de un límite. De esa manera no solo ayuda a los niños a aprender acerca del porqué sino que también le ayuda a usted a "podar su arbusto". Al verbalizar sus motivaciones en el establecimiento de un límite usted entre en un proceso de reflexión, la cual será siempre necesaria si lo que queremos es asegurarnos que nuestros límites sean siempre razonables. Hay límites que van cambiando conforme los niños crecen y van adquiriendo ciertas habilidades que les permiten hacer cosas que antes no podrían o les estaban prohibidas. El refinar nuestros límites nos permite ser más justos puesto que estamos en un estado de constante reflexión y cambio.

2) No establezca reglas y límites simplemente por que sí. Muchos de esos límites innecesarios terminarán siendo contraproducentes. En vez de tener miles de reglas absolutas, intente comunicar claramente cuál es el motivo de las reglas a través de cosas objetivas o puntuales de lo que realmente le preocupa. Por ejemplo, en vez de decirle a su niño de 8 años "no te puedes ir solo al parque" intente explicar cuáles son sus preocupaciones al respecto. Dígale, por ejemplo, que le preocupa que cruce las calles solo. Así tal vez él pueda ofrecer una solución y puedan llegar a un acuerdo mutuo. Por ejemplo, el padre podría decir: "¿qué tal si te llevo mañana?" o el hijo podría proponer: "¿qué si me vas a dejar y prometo no moverme de ahí hasta que regreses a recogerme?". Cuando los motivos reales de los límites y reglas son comunicados claramente, los niños entenderán que usted lo hace porque se preocupa de ellos, no simplemente por una gana de controlarlos.

3) Los límites deben ser comunicados de manera clara y firme. Ni tan firme que duela ni tan suave que sea ignorada.

Firmeza no es sinónimo de grito, es sinónimo de seguridad en nuestra manera de comunicar y proyectar el mensaje.

4) Despójese de límites relacionados con horarios rígidos o con actividades que sobre-estimulen a los niños. El vivir siempre prisioneros del reloj solo ocasiona más conflicto en el hogar. Aprenda a elegir qué batallas pelear y recuerde que la imposición de reglas sin razón aparente no afirma su autoridad ante los ojos de sus hijos de la misma manera que mostrarse algo flexible tampoco hará que la pierda.

5) La mejor manera de llevar una vida sana en el establecimiento de límites es guiarse siempre por la vía del bienestar común. Si el límite beneficia solo al adulto, entonces seguramente no sea un límite necesario ni razonable. Recuerde siempre "podar su arbusto o seto" para dar vitalidad a sus límites y mantener el equilibrio en todo momento.

6) Aproveche la bondad de las consecuencias naturales para enseñar sobre el porqué de las reglas. Otra manera de guiar es también enseñar que el mundo tiene un orden dado y que si no nos acatamos a ese orden podríamos salir lastimados. Los niños aprenden las relaciones de causa y efecto diariamente a través del juego, sin embargo, existen ciertas lecciones de vida que son aprendidas de las maneras menos deseadas. Ante una quemada o una caída, por ejemplo, hemos primero de contener y apoyar. Lo que menos quiere una persona escuchar mientras se sufre el dolor de una caída es que otros le digan: "¡te dije que no corras!", o que pregunten "¿por qué caminaste por ese sendero y no por el otro?". En esos momentos lo que necesita la persona herida es apoyo, no reproches. Sin embargo, una vez terminado el dolor y cuando hayan pasado las lágrimas, aquella cicatriz deja también una

lección importante de vida que debemos asegurarnos de comunicar explícitamente a los niños. Las consecuencias naturales se convierten en una oportunidad para discutir acerca de la razón de ciertas reglas y prohibiciones. Los padres prohibimos a nuestros hijos pedalear la bicicleta sin zapatos, por ejemplo, no porque la escuchamos en un comercial de TV, sino porque sabemos que pueden lastimarse sus dedos del pie. Toda regla tiene una razón de ser y es justamente a partir de la experiencia vivida que los niños se vuelven más abiertos a entenderlas.

Guía= Eliminación de la mala hierba

Si invierte en un jardín que tenga una conexión armónica con la naturaleza, ésta evita el uso de agentes químicos sintéticos. Aunque las malas hierbas sean un problema muy fastidioso, no tiene porqué recurrir a herbicidas químicos. Las malas hierbas también pueden eliminarse de una forma respetuosa. Así aseguramos que no se está perjudicando a otros seres vivos del entorno. Recuerde: no todas las malas hierbas son siempre malas. Entre las malas hierbas podemos encontrar a "plantas pioneras" como los dientes de león y los cardos borriqueros. Por lo tanto, debe considerar si las malas hierbas son realmente un problema y en qué zonas específicas, para poder llevar a cabo las acciones adecuadas en los lugares oportunos.

Si invierte en un hogar en donde haya conexión armónica entre padres e hijos, ésta evita el uso de gritos y castigos. Aunque los malos comportamientos sean un problema muy fastidioso, no tiene por qué recurrir al uso de gritos y castigos. Los malos comportamientos también pueden eliminarse de una forma respetuosa. Así aseguramos que no se está perjudicando el desarrollo sano de otros sistemas internos de los niños. Recuerde: no todos los malos comportamientos son siempre malos. Entre los malos comportamientos podemos encontrar "comportamientos exploratorios" como cuando los niños tocan cosas que no deben por pura curiosidad. Por lo tanto, debe considerar si los "malos comportamientos" son realmente un problema y en qué áreas específicas para poder llevar acabo las acciones adecuadas en los lugares oportunos.

4. Guía

La guía es uno de los roles más importantes de la crianza. Es un rol obvio para unos pero malentendido por otros. La palabra *guía* es definida por la Real Academia de la Lengua Española como "encaminar, conducir y enseñar a otro el camino". Sin embargo, en este enfoque vamos añadir un elemento más a aquella definición pues la guía también involucra una relación de confianza entre el niño y su mentor o guía. Para criar niños auto-disciplinados, no es solo nuestra experiencia la que importa, sino también que nuestros hijos confíen en nosotros en los momentos grises o turbulentos. La guía no es simplemente verter en sus cabezas información y en sus corazones valores para que estos sean absorbidos por nuestros hijos. Si bien la guía involucra enseñar, hay habilidades como la inteligencia emocional y la resiliencia que no se enseñan sino que se desarrollan en el individuo bajo las condiciones idóneas.

Es importante recordar, además, que en toda relación en donde el adulto guía y el niño se deja guiar, existe reciprocidad. Al ser guías nos convertimos nosotros también en aprendices de nuestros hijos y nos dejamos guiar por ellos. Ser padres obligadamente nos convierte en personas menos egoístas y más flexibles pues ya no se trata solo de nosotros y de nuestra felicidad, sino de la felicidad colectiva. En este sentido nosotros también aprendemos a dejarnos guiar por las necesidades y aprendemos a adaptarnos a los cambios que demanda cada etapa de su vida. Un aspecto muy poderoso de la guía es que ésta permite heredar a nuestros hijos hábitos, valores y normas culturales de forma natural. Los niños aprenderán de sus padres los rituales, las rutinas y los buenos o malos hábitos que constituyen el carácter de un hogar. Si nos ven lavarnos las manos antes de comer, o nos ven decir "por favor" y "gracias" a nuestra pareja o a nuestros propios padres, estos valores y hábitos van a ser inevitablemente aprendidos. Existen otras habilidades que, por el contrario, no se aprenden ni con la instrucción ni con el ejemplo, sino que se adquieren o se desarrollan con la guía explícita de los padres. Ese es el caso, por ejemplo, de la inteligencia emocional.

La inteligencia emocional es una habilidad que se desarrolla con el tiempo. Los adultos podemos apoyar su desarrollo pero para ello debemos entender claramente cuál es nuestro rol. Con esto en mente, entendamos de qué se trata la inteligencia emocional (IE).

La IE involucra tres aspectos relacionados entre sí: el reconocimiento, la regulación y la expresión apropiada de las emociones. Nuestra primera tarea es saber reconocer las emociones tanto en nosotros mismos como en nuestros hijos. Una vez reconocidas las emociones, podemos entonces guiar en la regulación de ese flujo de emociones para procurar que se mantengan en un rango óptimo, ayudándoles a moderar aquellas emociones intensas sin tampoco anularlas del todo. Finalmente, nos movemos hacia una expresión apropiada de las emociones lo cual incluye poner límites acerca de qué expresiones son o no son apropiadas y aquellas que son o no son peligrosas. Con el paso del tiempo, estos aspectos de la IE que hemos modelado se convierten en hábitos y habilidades de nuestros niños.

Nuestro rol en el desarrollo de la IE es similar a la de un entrenador deportivo o un "coach", y al de un jardinero que elimina la mala hierba. A continuación, le ofrezco un ejemplo práctico que ilustra nuestro rol en el desarrollo de la inteligencia emocional:

Supongamos que su niño de 10 años viene de la escuela bravísimo y patea la puerta cerrándola con tal fuerza que hace que las paredes tiemblen. Al ver esto usted inmediatamente reacciona y está a punto de gritar. En ese momento usted respira profundo para calmarse, se acerca al niño mientas él sigue caminando hacia su cuarto. Usted entonces le dice "Oye mi amor, ¿qué te pasa?". Él se da la vuelta y le da una mirada fría. Usted piensa: "no me mires así, yo no te he hecho nada" pero reconoce que no es a usted a quien se dirige la ira sino a algo más. Algo debió haber pasado y sabe que necesita de usted en esos momentos. Usted entonces conscientemente ignora el mal comportamiento momentáneamente (cuando pateó la puerta) y decide averiguar qué le pasa. Lo más probable es que sus primeras respuestas sean "nada". Pero usted sabe muy bien que está enojado, por lo que en vez de aceptar el "nada" usted le dice: "parece que estas muy enojado". Con esa frase usted acaba de topar el punto clave que iniciará la conversación. Entonces el niño dice: "¡claro que estoy enojado!" y empieza a despotricar lo sucedido. Usted entonces lo escucha pacientemente y atentamente sin interrumpir. Usted se embarca con él en su torbellino de emociones mientras él relata la historia. Usted le comunica con su lenguaje no verbal y con pequeñas frases que lo entiende, que tiene razón en sentirse así. Mientras está contando lo sucedido usted sentirá la necesidad de clamarlo, de darle consejos o de hacerle ver qué estuvo mal o qué no debió hacer. Sin embargo se refrena de hacerlo y lo escucha pacientemente hasta que acabe sin dar ninguna solución antes de que él le dé señales de que está listo para escucharla.

Eventualmente los gritos y relatos cambiarán a un tono más suave. Mientras haya una pausa de silencio usted hace preguntas que le ayudan a tener más claro todo el panorama para poder elaborar su posible respuesta. Mientras hace eso, usted empatiza con él y ofrece palabras que le hagan ver que lo comprende. Una vez que él está listo para escuchar usted entonces puede ofrecer soluciones. La conversación termina con un plan de acción elaborado por los dos, con un abrazo y con un sentimiento de cercanía entre los dos. Usted reconoce que la situación (cualquiera que sea) pudo haber sido peor y agradece que pudieron juntos llegar a una solución. Además se asegura de mencionar que patear la puerta no fue necesariamente un acto aceptable aún si las emociones sentidas en ese momento eran muy fuertes.

Como ve a partir del ejemplo, una de las claves para poder ser un entrenador emocional efectivo es poder ver más allá de los comportamientos y pensar en términos de las emociones. Al hacerlo así podremos ver los problemas como oportunidades para practicar la regulación. El regular las emociones implica saber reconocer las señales corporales que delatan la intensidad de lo sentido. Le regulación empieza con la capacidad de traducir estas señales corporales a palabras. Frases como "estoy muy enojado" son en sí herramientas que ayudan a regular la intensidad de la emoción y nos permiten sentir que estamos en total control de lo que nos sucede. A través del uso de estas frases para manejar nuestras propias situaciones, los padres podemos enseñar a nuestros hijos el lenguaje de las emociones. Al tener esa herramienta a su disposición las probabilidades de que sus hijos acudan a palabras (y no a malos comportamientos) se incrementan.

Finalmente está la expresión apropiada de las emociones. El permitir que los niños sientan intensamente sus emociones no significa que vamos a aceptar que las expresen de maneras peligrosas o inapropiadas. Hemos de ayudarles a encontrar una expresión apropiada de la emoción. A veces eso significara proveer espacios para que desfoguen su ira sin causar daños o disturbar a otros. Otras veces nos necesitan a los adultos para poder quebrarse en llanto. Solo después de reconocer y de regular es posible ayudar a encontrar otras vías de desfogue u otras soluciones. Si pretendemos solucionar un problema sin permitir la expresión de la emoción, entonces no sería posible aprender las lecciones que esa emoción nos está tratando de enseñar. Debemos darle su tiempo y su espacio a la emoción para permitirnos aprender aquello que nos vino a enseñar.

En resumen, la inteligencia emocional actúa como una especie de brújula en el barco de la autodisciplina. Los niños aprenden a conocer su mundo interno de emociones y sentimientos a través de nuestra guía, y al conocerlo, podrán entonces dominarlo. Sabrán reconocer emociones en otros y empatizar con ellos de una manera consciente. Al practicar la regulación emocional nosotros mismos y al poner a trabajar a nuestra propia inteligencia emocional ayudamos así a que estas mismas habilidades florezcan en nuestros niños. Los padres actuamos como sus guías emocionales o "coaches". Aquello que hacemos para ayudarlos se convierte en el modelo que ellos internalizarán.

Los niños aprenderán de sus padres tanto sus buenos modales como sus malas palabras. Imitarán tanto sus rituales y rutinas cotidianas como sus reacciones ante las situaciones desafiantes e inesperadas. En ese sentido, es muy cierta la frase que dice "tus actos hablan tan alto, que no me dejan oír tus palabras". Del ejemplo aprenderán mejor que de las palabras, por eso al convertirnos en padres es imprescindible invertir en nosotros mismos, y en nuestra salud mental.

Como se ha dicho, existen muchas maneras de guiar a nuestros hijos. Unas son más espontáneas y otras más explícitas y pensadas. Aquí algunos ejemplos de guías explícitas:

1) Establezca rutinas mientras se despoja de horarios rígidos y actividades sobre-estimulantes. Todo niño para sentirse confiado y seguro necesita que su mundo sea predecible. Las rutinas en casa antes de comer, después de despertarse o al ir a dormir son sanas y necesarias para que los niños sepan qué esperar día a día. Así podrán relajarse y usar su energía en aprender, jugar y disfrutar más no en intentar adivinar qué pasará hora a hora o minuto a minuto. Al mismo tiempo no los sobrecargue de actividades poco predecibles. La consistencia les da un sentido de control y de autosuficiencia que ayuda a que las cosas en casa fluyan tranquilamente. Recuerde que rutina no es sinónimo de horario. Tengamos eso muy claro. Las rutinas son necesarias para establecer un ambiente seguro y predecible para el bebé o niño. La rutina es hacer lo mismo casi diariamente y más o menos en el mismo orden. El horario, por

el contrario, es hacerlo todo siempre a la misma hora lo cual nos vuelve esclavos del reloj.

2) Dé responsabilidades. Una manera muy útil de crear armonía en casa es asignar a todos los miembros responsabilidades que puedan cumplir. El niño mayor puede ser el responsable de poner la mesa, el menor podría hacer cosas más simples y menos peligrosas como poner los cubiertos y las servilletas. Cuando todos los miembros de la familia están involucrados en las tareas y responsabilidades de casa, todo suele marchar más fluidamente. Parte de estos involucra también intentar disfrutar las actividades o quehaceres en familia en vez de lamentar el que se deban hacer. Resulta a veces muy conveniente elegir días específicos de la semana para dedicarse a ciertas tareas del hogar como la limpieza más profunda, lavar la ropa, o embellecer el jardín. El dedicarse a los "quehaceres del hogar" no tiene que necesariamente ser un trabajo tedioso. El trabajo del hogar bien podría disfrazarse de diversión o de tiempo para compartir en familia al tan solo agregar componentes como música, algo de comida para picar y algo de juego.

3) Enseñe buenos modales. Al hablar de buenos modales no estamos hablando de aquello que se ve en las películas de la era Victoriana. Cuando hablamos de buenos modales estamos hablando de amabilidad. De decir "por favor" y "gracias". Muchos padres hacen esto siempre con la famosa frase "¿cuál es la palabra mágica?" o "¿qué se dice?", pero interesantemente muchos niños se quedan pensando sin saber qué responder. Esto es porque en realidad no saben cuál es la palabra mágica. Los adultos debemos modelar sus frases tal y como quisiéramos que nos las digan. Debemos pedirles que las repitan, como si estuvieran aprendiendo otro idioma. Por ejemplo, si su hijo dice: "¡papi, quiero jugo!" usted podría decir: repite conmigo "Papi, quiero jugo por favor" y ante esa

repetición usted puede responder de manera acorde; "Claro, mi amor, ahorita te sirvo". Si se hace esto constantemente, llegará el día en que ellos dirán "gracias" y "por favor" por sí solos. Estas son quizás "palabras mágicas" porque tienen poderosos efectos en la gente que las oye, especialmente si vienen de la boca de los niños.

4) Enseñe nuevas destrezas o habilidades a sus hijos pequeños paso a paso, siempre guiando y apoyando en el proceso. Ciertas habilidades como amarrarse los cordones, lavarse las manos, abotonarse los pantalones o cerrar el cierre de la chaqueta requieren no solo de un desarrollo motriz adecuado sino de mucha práctica y de guía. Al acompañar a los niños paso a paso estamos afianzando su seguridad para que eventualmente lo logren hacer por sí solos. Esto tomará algún tiempo, sin embargo, es importante proveer espacios para la equivocación en vez de intervenir solo con comentarios negativos o correcciones. La corrección excesiva puede desmotivar a los niños a seguir intentando perfeccionar dicha habilidad. La guía, por el contrario, les da confianza y les permite sentirse capaces de lograr esas destrezas que inicialmente pueden parecer muy complicadas.

6.

Los 4 nutrientes de la autodisciplina

Hemos visto en las páginas anteriores cómo preparar el campo para la educación de la autodisciplina a través de la preparación mental o labranza, del proveimiento de un espacio apropiado, del establecimiento de límites razonables y de guía. Sin embargo, el trabajo no termina ahí. Los padres necesitamos continuamente nutrir ese potencial de nuestros hijos de convertirse en seres socialmente aptos y capaces de tomar decisiones acertadas por sí mismos. Eso no sucederá de la noche a la mañana. De manera similar a la leche materna, los nutrientes de la autodisciplina también van cambiando su composición para ajustarse a las necesidades del niño. No solo es importante nutrir, sino también saber cuándo y en qué cantidad. La nutrición para la autodisciplina es una alimentación autorregulada, puesto que son los niños quienes guían el proceso de su nutrición y es justamente eso lo que les permitirá convertirse en personas autosuficientes. La nutrición de la autodisciplina consiste en cuatro elementos muy importantes. Estos son:

1- La *conexión* con por lo menos un adulto, la cual es similar al oxígeno que absorbe y emite la planta. El adulto con quien el niño "se conecta" es usualmente la madre, pues es la persona que provee los cuidados necesarios y es quien responde pronta y efectivamente a las necesidades tanto físicas como emocionales del niño. Esta conexión que se establece gracias a la capacidad de respuesta constante de un adulto se la conoce formalmente como "vínculo de apego seguro", y es lo que permite al niño enfrentar la vida y aprender de ella a partir de la seguridad que le brinda dicho adulto. Aquella conexión se transfiere hacia los otros adultos o cuidadores del bebé (comúnmente el padre y la familia extendida) alrededor de los 12 meses, edad en la que es identificable el tipo de apego que el niño ha establecido. La teoría del apego y sus clasificaciones serán discutidas en la sección final del libro.

2- La **atención** es una necesidad de todo niño de la misma manera que lo es la autonomía. La atención es como un fertilizante que permite a la planta dar mejor fruto. Si los padres damos una provisión generosa y constante de atención, podemos esperar de nuestros hijos un racionamiento similar de buen comportamiento.

3- El **amor incondicional** es un nutriente similar al sol que consistente y permanentemente calienta y alumbra los cielos ayudando así a mantener la vida vegetal, y por ende, la vida animal en el planeta. El amor incondicional es el sustento de la autodisciplina. Sin él, ésta no sería posible.

4- La **comunicación positiva** es un alimento similar al agua que nutre nuestros pensamientos para después convertirse en nuestra voz interna. La comunicación positiva permite a los niños adquirir una valoración positiva de sí mismos, la cual es base para sentirse y actuar como personas de bien.

Conexión= Oxígeno

Las plantas que crecen en un medio más rico en oxígeno son más fuertes y desarrollan más ramas laterales y más resistentes. Las células clorofílicas utilizan el dióxido de carbono presente en el aire para fabricar materia orgánica y expulsan el oxígeno restante. Este proceso se llama fotosíntesis.

Los niños que crecen en un medio más rico en conexión son más emocionalmente fuertes y desarrollan mejores habilidades sociales y autodisciplina. Los niños utilizan la contención de sus padres para fabricar buenos comportamientos y expulsar de maneras más apropiadas sus emociones desagradables. Este fenómeno se llama autorregulación emocional.

1. Conexión

La conexión es primer elemento que nutre la autodisciplina y se establece entre padres e hijos desde el primer día de nacidos. La conexión , en este contexto, se establece en base al "apego seguro" que es un concepto introducido por primera vez por John Bowlby, un psiquiatra y psicólogo infantil inglés quien usó ese término en la década de los ochentas para representar un vínculo o lazo que se forma entre padres e hijos. Sobre el apego seguro usted puede leer más a profundidad en mi libro anterior *Crianza con Apego: De la teoría a la práctica*. En este libro, sin embargo, solo nos referiremos al apego seguro muy brevemente para entender cuál es su rol en la enseñanza de la autodisciplina.

Pues bien, ¿qué es el apego seguro y cómo se establece? En resumidas cuentas el apego seguro es un vínculo que se establece en los hijos gracias a que uno o más adultos en su vida han sabido satisfacer efectiva y sensiblemente sus necesidades emocionales y físicas. La humanidad no siempre ha estudiado el vínculo entre padres e hijos pero por muchos siglos se ha estudiado y reconocido el vínculo de apego entre otras especies animales, especialmente los mamíferos. Se ha visto que cuando las madres satisfacen efectivamente a sus crías, éstas se muestran calmadas y contentas, lo cual se traduce en una seguridad necesaria que impulsa la búsqueda de la independencia. Las madres cuidan, protegen y satisfacen sus necesidades hasta conseguir que alcancen esa independencia.

En la especie humana, esta independencia toma mucho más tiempo que en otras especies debido a que nacemos solo con el 25% de nuestro cerebro desarrollado. La corteza cerebral añade un 70% de su masa después del nacimiento y en los primeros tres años alcanza un 90% de su tamaño permanente. El desarrollo cerebral es un proceso dependiente del cuidado parental, de manera que no se puede hablar de independencia antes de los tres años puesto que ese es el tiempo que le toma al cerebro desarrollarse a un 90% de su capacidad. Una independencia sana solo será posible a través del desarrollo cerebral, y un desarrollo cerebral sano solo es posible gracias a un ambiente sensible, predecible y seguro que dé lugar a la conexión (o al vínculo de apego seguro) con los padres.

Uno de los catalizadores de esa conexión inicial es la empatía de los padres. La empatía es la capacidad del ser humano de conectarse con otras personas, de ponerse en su lugar y de responder adecuadamente a sus necesidades. La empatía es una habilidad indispensable para el buen desarrollo de las relaciones interpersonales. Sin ella, las relaciones interpersonales y la vida en sociedad serían difíciles. La empatía cobra mayor importancia en la crianza de los hijos porque la capacidad de los padres de responder adecuadamente a las necesidades provee el modelo a través del cual los niños aprenden a ser empáticos con otros. La empatía involucra ver más allá del comportamiento. Implica entender que todo comportamiento bueno o malo es un síntoma de una emoción que necesita ser expresada. Los niños levantan la mano a sus padres porque están resentidos con ellos, porque no se les dejó hacer algo y eso les causa frustración. Botan la comida al piso porque no quieren comerla, no les gusta o no les interesa. Pegan a sus hermanitos menores porque están celosos. Siempre hay un sentimiento o emoción de por medio y los comportamientos que ellos eligen son simplemente su manera (inadecuada o no) de expresarlos. La ira, la frustración, los celos son sentimientos desagradables pero válidos, y deben recibir la importancia que merecen.

Para conectarnos con ellos, es muy importante que hagamos saber a los niños que todas las emociones son aceptadas, que también las hemos sentido y que recibirán un espacio para que las expresen. Eso no significa que se valga expresarlas de la forma que sea. En este proceso vamos primero a identificar la emoción para después validarla con una palabra, pues para aprender a gestionar primero hay que abrir la posibilidad de sentir y reconocer lo que se siente. El validar significa dar permiso para sentir sin juzgar, castigar, aislar o amenazar a los niños por el hecho de que están sintiendo una emoción desagradable, o por sentirla en relación a nosotros. Validar es una especie de traducción del idioma emocional al idioma de palabras. Una vez que sean identificadas esas emociones, los niños deben aprender las palabras que las definen. Esto además ayuda a los niños a tener un modelo de manera que a medida que van creciendo y aprendiendo a hablar, puedan expresarlas ellos solos sin necesidad de nuestra "traducción". Esto ayudará a minimizar malos comportamientos, pues una vez que sepan describir sus emociones, generalmente una frase llena de las entonaciones propias de dicha emoción, bastarán para expresarla. Al no tener esas herramientas verbales a su disposición, los niños se valen de acciones.

Al identificar y validar las emociones que están detrás de un comportamiento estamos renunciando a la vieja y poco efectiva costumbre de ser padres reactivos para entonces dar paso a la conexión. Los padres reactivos, como la palabra lo dice, reaccionan con emociones o impulsos provenientes del cerebro primitivo, mostrándose igual o más fuera de control que sus hijos. Ante el grito del niño, viene otro grito del padre o de la madre y así la situación se intensifica en vez de atenuarse. Por el contrario, si gestionamos los comportamientos al nivel de las emociones, el mensaje que comunicamos a nuestros hijos es un mensaje de conexión, no de enfrentamiento. Abrimos canales de comunicación. Es como si los niños pensaran "¡me adivinó!" y esa conexión que experimentan al ver que sus emociones fueron "adivinadas" hace que sus cerebros pasen de un estado de ansiedad y de estrés a un estado de receptividad que es exactamente el estado que los cerebros humanos necesitan para aprender toda lección en la vida, sean éstas lecciones de matemáticas, de lectura o de comportamiento. Los estudios han comprobado que el aprendizaje tiene un componente emocional. Los humanos no podemos aprender cuando nuestras mentes se encuentran en estado de estrés, de pánico o de ansiedad. Necesitamos sentirnos a gusto y tranquilos para que nuestros cerebros estén receptivos a la nueva información.

Conectarse al nivel de las emociones además involucra poder interpretar aquellos momentos en los cuales los niños necesitan contención. La contención en términos de crianza significa literalmente "contener" las emociones para que no se derramen o no se desborden más, o de manera inapropiada. Cuando un niño se desborda emocionalmente, es porque su recipiente o contenedor emocional aún no se ha desarrollado. Los niños no vienen al mundo con un recipiente listo para contener. Todo lo contrario, su sistema límbico es muy primitivo y solo a partir de la ayuda de un adulto los niños aprenden a regular sus flujos de emociones. Los niños aprenderán a contener sus emociones por sí solos a partir del modelo que les damos los padres. Cada vez que acompañamos y regulamos su caudal de emociones, estamos añadiendo un elemento más al cimiento de la contención emocional. Cada vez que ayudamos a nombrar y a gestionar una emoción, estamos otorgando una dirección a ese caudal.

Si los padres pudiéramos ponernos en sus zapatos y comprender cada comportamiento desde su origen, entonces tendremos la clave para actuar efectivamente. Si a esto añadimos un espacio para su expresión, entonces empezaremos a conectarnos más y a juzgarlos menos. Recuerde además que no hay nada más poderoso que el ejemplo y para los niños la mejor forma de aprender es observar e imitar. Si nosotros como padres somos capaces de gestionar, regular y verbalizar nuestras propias emociones, los niños irán aprendiendo a hacer lo mismo.

Los comportamientos que demostramos al enojarnos serán los modelos que nuestros hijos imitarán cuando ellos se enojen. Si usted al enojarse grita y lanza cosas, sus hijos harán lo mismo. Si tendemos a reprimir nuestras emociones, nuestros hijos también lo harán. De la misma manera, si somos capaces de expresar las emociones positivas como la gratitud, la alegría y el afecto, ellos tendrán en nosotros buenos modelos a seguir. El aprender a gestionar adecuadamente las emociones involucra observación, práctica y el acompañamiento de los adultos. Una persona que sabe gestionar adecuadamente sus emociones es capaz de identificar, verbalizar y expresar las emociones de maneras socialmente aceptables. El simple hecho de poder identificar la emoción y poder verbalizarla disminuye la tensión en gran medida. Por eso es tan importante abrir espacios de conversa, de reflexión y de escucha. Los niños necesitan nuestra ayuda para aprender a poner las emociones en palabras. A partir de ahí se puede reflexionar sobre la emoción y encontrar salidas aceptables. Cada persona es diferente, a unos les sirve escribir, a otros meditar, a otros hacer deportes o salir a caminar. Habrá que ir probando y creciendo en el auto-conocimiento para encontrar lo que funciona para cada quien.

En resumen, para conectarse con sus hijos intente empatizar con ellos y comprender tanto el origen como la intensidad de sus emociones. A continuación algunas pautas para poder conectarse exitosamente:

1. Juegue con sus hijos y use el juego como oportunidad de aprendizaje y de conexión. El juego es la mejor manera de enseñar a los niños lo que significa la cooperación y el autocontrol. A través del juego interactivo los niños aprenden que existen reglas y límites, y que éstas son necesarias para todos poder disfrutar.

2. Involúcrelos en la resolución de problemas. En vez de imponer, hágalos partícipes de la solución. Presente el problema en un momento de calma y con palabras que sus hijos puedan entender. Desarrollen juntos un plan. Los niños son más propensos a seguir las reglas cuando ellos fueron parte de su creación.

3. Enséñeles el lenguaje de las emociones. Los niños se comportan bien cuando han aprendido a regular sus ansiedades, frustraciones y decepciones de la vida diaria. A través de un diálogo rico en palabras que describan emociones, los niños llegan a aprender que las decepciones son solo eso, y no catástrofes. Ayúdeles a reconocer cuándo una situación es frustrante y utilice las palabras adecuadas para describir los sentimientos que esa situación genera.

Hábleles de sus propias frustraciones y de lo que hizo para lidiar con ellas.

4. Enséñeles la importancia de los sentimientos de otras personas. El respeto a las necesidades y sentimientos de otros es la base del comportamiento moral.

5. Cáchelos con "las manos en la masa" pero haciendo algo bueno y dígales lo orgulloso que se siente de aquel buen gesto o comportamiento que observó. Sin embargo, no abuse de las frases positivas pues la idea no es que "se porten bien" solo para recibir su aprobación o felicitación.

6. Escúchelos. Cuando los niños sienten que sus preocupaciones han sido escuchadas y entendidas, harán menos demandas. Escuche su versión ante un problema y dígales qué parte de lo que dijeron o hicieron está bien antes de resaltar lo que estuvo mal.

7. Dé buen ejemplo. No hay nada más poderoso que el ejemplo y para los niños, la mejor forma de aprender es observar e imitar. Si nosotros como padres somos capaces de gestionar y verbalizar nuestras propias emociones, los niños irán aprendiendo a hacer lo mismo.

8. Valide toda emoción que sea expresada. La ira, la frustración, los celos son sentimientos desagradables pero válidos, y deben recibir la importancia que merecen. Validar las emociones también implica empatizar y poder comunicar cómo usted también ha sentido esas emociones anteriormente. Por ejemplo: "Veo que estás aburrido, yo también estaría aburrida si no pudiera moverme de esta fila del banco" o "Ya me di cuenta que estás bravo, yo también estaría brava con mi mami si no me compra algo que realmente quiero". Los niños aprenden de mejor manera con el ejemplo.

9. Ofrezca contención. Muchas emociones desagradables de alta intensidad se atenúan al ser contenidas con una expresión física como un abrazo fuerte y apretado. En algunos casos, sin embargo, el

abrazo también puede intensificar la emoción. Usted conoce a sus hijos y sabe qué es lo que mejor les viene a ellos. Muchas veces el acompañamiento en silencio durante la expresión de un torbellino de emociones es la mejor contención.

Atención= Fertilizante

Las reservas minerales del suelo hoy por hoy no son suficientes para que las plantas cultivadas produzcan los alimentos y fibras que la humanidad precisa. Los fertilizantes que se incorporan al suelo permiten que las plantas produzcan alimentos.

Las reservas emocionales de los niños hoy por hoy no son suficientes para permitir que ellos produzcan los comportamientos apropiados que la sociedad precisa. La atención es un fertilizante que permitirá a los niños producir buenos comportamientos.

2. Atención

Todos los humanos tenemos dos necesidades emocionales básicas: atención y autonomía. No se puede exigir buen comportamiento de los niños sin primero satisfacer su necesidad de atención. La atención es como la gasolina del buen comportamiento. Llene ese tanque regularmente y llegará más lejos. Deje que opere con tanque casi vacío y puede dañar el motor (el motor del buen comportamiento).

Para los niños, el recibir atención negativa (esa que se obtiene en base a malos comportamientos) es mejor que no recibir nada. De la misma manera, cuando los niños no tienen nada de autonomía en sus vidas, es decir, cuando no se les permite opinar, optar por sus preferencias, o ser quienes decidan el orden de ciertas cosas, ellos harán lo posible por manifestarla en aquellas instancias en las que saben que sí tienen todo el control. Normalmente esto sucede al dormir, al comer, al ir al baño o al lavarse los dientes. Coincidentemente estas son las actividades más difíciles de manejar en casa puesto que en ninguna de ellas podemos los adultos ejercer total control.

Pues bien, como se ha dicho, tanto la atención como la autonomía son necesidades básicas que si no se ven satisfechas, se ejercerán de maneras negativas. Sin embargo, antes de ahondar más en el tema de la atención es preciso cambiar la terminología puesto que aquellos comportamientos conocidos como "llamados de atención" tienen connotaciones negativas y son por lo general confundidos con actos de manipulación. De manera que en vez de referirnos a los malos comportamientos como "maneras de llamar la atención", los vamos a llamar comportamientos "que buscan conexión" pues a la final eso es lo que son. A través de la atención los niños buscan conectarse con los adultos y los comportamientos que exhiben no son sino formas de solicitar esa conexión.

Algo que ocurre muy a menudo, por ejemplo, es que los niños mayores a dos años -que bien pueden hablar- buscan conexión con los adultos a través de gritos, llanto, gemidos o quejidos. Esto lo hacen porque han aprendido que esos sonidos resultan eficaces para captar la atención de los adultos. Aquellos sonidos que los niños emiten para obtener conexión suenan muy parecido a un rasguño en la pizarra, y al escucharlos, los adultos por lo general actuamos casi inmediatamente para intentar pararlos puesto que resulta incómodo para nuestros oídos. Es fácil ignorar las peticiones iniciales de atención de los niños que suelen ser más suaves y respetuosas. Aquellas peticiones iniciales no incomodan al oído. Sin embargo, esa mala costumbre de los padres de solo actuar ante estos sonidos incómodos, hace que inadvertidamente sucedan más frecuentemente. Si por el contrario los adultos respondiéramos a sus primeros intentos de conexión, o si reconociéramos su presencia, validáramos sus peticiones y solicitáramos su paciencia, entonces evitaríamos muchos malos comportamientos.

Es realmente muy simple. Cuando los niños no reciben la atención que necesitan, entonces sus conductas inapropiadas se intensificarán consiguiendo así obtener la atención que necesitan así ésta sea enfocada solo a reprender, a castigar o a ser gritados por el comportamiento exhibido. Recordemos que los niños suelen repetir los comportamientos que les han dado resultado, sean estos apropiados o no. De manera que si solo reciben la atención que desean cuando están "portándose mal" entonces téngalo por seguro que seguirán portándose de esa y otras mil malas maneras. En un principio pueden ser los lloriqueos o los quejidos los que llaman la atención negativa de los padres, pero si los padres aprenden a ignorar esos llantos y quejidos, entonces los niños recurrirán a otros comportamientos incluso más disruptivos e inapropiados como colgarse de las piernas o romper cosas en casa. Si usted está estancado en este ciclo negativo y no hace nada al respecto, lo más seguro es que los comportamientos inapropiados derivados de la falta de atención, se mantengan, y en el peor de los casos, aumenten.

Recordemos que no estamos hablando de los bebés que lloran para solicitar atención, comida o brazos. Estamos hablando de aquellos niños con capacidad de lenguaje que a pesar de poder pedir con palabras aquello que necesitan, han elegido llorar, gemir o quejarse. Tampoco estamos implicando que buscar conexión de esta manera sea un acto de manipulación. Los niños pequeños no manipulan a los adultos a través del llanto. Lo utilizan porque es lo único que les ha funcionado para obtener lo que necesitan. Cuando sus primeros intentos de comunicación son ignorados, el llanto es, por lo general, lo que sigue. Ambas son señales de comunicación que denotan una verídica necesidad o deseo. De hecho, la manipulación los primeros años de vida resulta biológicamente imposible porque para poder manipular, los seres humanos necesitamos primero tener la maduración cerebral necesaria para comprender que las mentes de otras personas piensan de manera diferente a la nuestra permitiéndonos interpretar y predecir qué conducta tendrán los demás y sabiendo cómo se puede influir en ella con nuestra propia conducta. Los bebés y niños menores a tres años no tienen esa capacidad de interpretar lo que otros quieren, ni de ponerse en los zapatos de otros. Es por esto que les resulta imposible manipular a otros, pues en sus mentes solo cabe una cosa: que su realidad y sus deseos son la realidad y los deseos de todos.

La "Teoría de la Mente", que es el nombre científico que se le ha dado a esta capacidad de entender que otros tienen una mente independiente a la nuestra, se desarrolla alrededor de los tres o cuatro años. Es por esto que, antes de los tres años, el atribuir a una conducta el carácter de manipulante, no solo es erróneo sino imposible. Antes de los tres años, los niños tienen un solo recurso para lograr obtener de los adultos aquello que desean: la comunicación. Aquellos que no hablan, lloran. Y después lo hacen más fuerte hasta obtener una respuesta. Aquellos que ya pueden hablar, primero lo piden y si no se les concedió lo que pidieron a la primera, entonces lloran, se quejan o hacen berrinches. Todo esto está lejos de cumplir la definición de la Real Academia de la Lengua Española sobre la palabra *manipular*. Citado textualmente, *manipular* significa "intervenir con medios hábiles y, a veces, arteros, en la política, en el mercado, en la información, etc., con distorsión de la verdad o la justicia, y al servicio de intereses particulares". Ahora bien, es cierto que los bebés y niños pequeños intervienen con medios hábiles (sus llantos y berrinches) para satisfacer sus intereses personales. Sin embargo, estos medios hábiles se reducen a la comunicación de un genuino deseo. De ninguna manera están distorsionando la verdad o la justicia pues la única verdad que cabe es que tienen un claro deseo, y lo justo es que sea tomado en serio.

Entonces ¿qué hacer si nos encontramos estancados en un ciclo repetitivo de comportamientos negativos que buscan conexión? Lo primero es incorporar experiencias positivas de atención. A continuación algunos consejos:

1. Dedíqueles un tiempo especial a cada uno de sus hijos. Este será un tiempo durante el día en el cada uno de ellos tendrán el 100% de su atención. No es un tiempo compartido con otros hijos, con la televisión o con el teléfono inteligente. Es un tiempo dedicado a jugar. Aquí la intención es saciar la necesidad de atención de los niños para permitir que ellos se sientan plenos y realizados. Este tiempo dedicado a ellos es increíblemente enriquecedor para la relación entre padres e hijos y no se trata de la cantidad de tiempo que se le dedique sino de la calidad. Así sean solo 15 minutos al día, esos minutos satisfacen la necesidad de los niños de sentirse queridos e importantes para cada uno de sus padres.

2. Durante ese tiempo especial deje que sea el niño quien decida qué jugar y cómo hacerlo. El adulto, sin dirigir el juego del niño, puede participar de él con su presencia

como un "compañero simbólico". Al acompañar, es necesario además no obstaculizar el juego mediante la utilización del lenguaje que no ha sido solicitado y que interrumpa el despliegue de la imaginación. Los adultos interrumpimos muy a menudo. Nos sentimos incómodos ante el silencio y estamos acostumbrados a hablar para llenar los vacíos en los momentos de incertidumbre, de no saber qué hacer o cuando sentimos la sensación de "no estar haciendo nada". El lenguaje, durante la interacción adulta, muchas veces es la mejor herramienta para evadir una situación que nos incomoda o simplemente para evitar la sensación de vacío. El lenguaje nos lleva a lo racional, por lo que suele salvarnos de situaciones que nos generen una emoción intensa. Frente a la angustia de la incertidumbre, las palabras distraen. Durante el juego y la interacción de los niños, sin embargo, el silencio es necesario. Los adultos debemos aprender a sentirnos cómodos con el silencio especialmente cuando de éste depende el despliegue de la imaginación de nuestros hijos.

3. A medida que sus hijos crezcan, introduzca juegos de mesa a través de los cuales ellos puedan aprender habilidades sociales importantes como la capacidad de esperar, de escuchar las opiniones de otros y de tomar turnos. Estas experiencias enseñan a los niños sobre la democracia y les ayudan a entender que las relaciones interpersonales se basan en el respeto, en la justicia y en la cooperación.

Una vez satisfecha su necesidad de atención, será más fácil prevenir o eliminar conductas inapropiadas. Vamos primero a incorporar experiencias de atención positiva que no haya sido solicitada, y para romper el ciclo tóxico de interacciones, vamos además a parar de responder de la manera en la que el niño está acostumbrado. Si el niño llora para solicitar su atención y el niño otra vez recibe un

"¡ya basta, para de llorar!", entonces usted acaba de darle más leña a ese fuego que estamos intentando eliminar. En vez de responder de esa manera al pedido, solicite primero que use otra voz. Pida al niño que verbalice nuevamente su deseo o necesidad utilizando palabras amables y sin llanto. Una vez que el niño lo haga, entonces sí responda a esa necesidad o deseo. Si es algo que no puede conceder, entonces comunique el límite de manera firme y amable. En otro momento cuando todos estén relajados hablen acerca de la diferencia entre usar una voz suave o normal y una voz quejona o lloriqueo. Explique cómo esa voz lo irrita y déjele saber que no responderá cuando utilice esa voz. Desde ese momento, asegúrese de responder cada vez que su hijo utilice su voz normal o cuando utilice las palabras "por favor" como usted le ha indicado.

La próxima vez que sus hijos pidan cosas o se dirijan a usted con una voz quejona o a manera de lloriqueo, entonces sea persona de palabra y no responda a sus demandas. Por el contrario, responda inmediatamente, calmadamente y mostrándose complaciente cuando su hijo utilice una voz normal y suave tal como usted le indicó. Una vez que se den cuenta que los lloriqueos o los quejidos ya no funcionan para buscar conexión, entonces dejarán de usarlos. Es así con cualquier comportamiento cuyo objetivo sea obtener conexión con los padres. Esto no significa que sean niños malcriados. Significa que son niños privados de su necesidad de atención. Asegurémonos de dar atención a nuestros hijos y de hacerlo de forma individual para cada hijo. Dejemos a un lado los celulares y otras distracciones y demos tiempo de calidad. Aún si solo podemos dar 15 o 20 minutos de nuestro tiempo diariamente, el hecho de que sea tiempo completamente dedicado al niño, lo hará sentirse pleno y satisfecho. Esa será una inversión que le será retribuida con buenos comportamientos.

Los comportamientos negativos derivados de la necesidad de atención son similares a la mala hierba que crece alrededor de las plantas. Si un jardinero inadvertidamente nutre la mala hierba que crece alrededor -en vez de concentrarse en enriquecer la planta con fertilizadores- esa mala hierba seguro crecerá más rápido. En sus manos está cortar la mala hierba de raíz o permitir que siga creciendo. De la misma manera, la atención que los hijos reciben de sus padres funciona como un fertilizante del buen comportamiento o como la gasolina que impulsa el motor.

Amor incondicional= Sol

El sol es el sustento de toda vida en la Tierra. Las plantas, seres autótrofos, son capaces de convertir la energía fotónica del sol en complejos compuestos orgánicos sin los cuales ningún animal podría existir.

El amor incondicional es el sustento de la autodisciplina. Los niños, seres dependientes del amor de sus padres, convertirán ese amor incondicional en autovaloración sin la cual la autodisciplina no podría surgir.

3. Amor incondicional

El amor es uno de esos conceptos difíciles de describir pero fáciles de identificar. Desde el punto de vista físico y fisiológico el amor es un estado emocional que afecta el flujo de energía y la manera en la que la información transita en nuestros cerebros. En general, cuando la gente reporta estar "enamorada" dicen sentir que sus cuerpos se suavizan y se abren. Se abren en un estado de alerta hacia los estados emocionales de otros. Nuestros sentimientos internos parecen motivar e incentivar nuestra capacidad de empatizar y cuidar de otros. Aquellos días en los que nos sentimos invadidos de amor por nuestros hijos, no hay nada que no estemos dispuestos a hacer por ellos. Eso es en resumidas "el amor".

Pero ¿qué hay de la incondicionalidad del amor? Cuando ofrecemos algo incondicionalmente, lo ofrecemos sin requerimientos ni condiciones. El amor no se condiciona, el amor se da. Eso significa que ofrecemos amor y lo expresamos sin importar qué conductas o comportamientos demuestren los niños o cuál sea su nivel de desempeño en las diferentes áreas de la vida. El amor incondicional se expresa en las buenas y en las malas, y los niños necesitan escuchar que los amamos en todo momento. Incluso en el meollo de un mal comportamiento ellos deben siempre saber que no hay error, no hay falla y no hay acto que logre destruir ese amor. Ellos deben escuchar de nosotros que estaremos ahí para ellos sin importar qué pase. Una vez que ellos sientan que nuestro amor es realmente incondicional, entonces podrán relajarse para mostrarnos lo mejor de sí mismos.

Por el contrario, condicionar el amor a un niño diciéndole cosas como "no te quiero cuando te portas así", "si haces tal cosa ya no te voy a querer", o "si haces tal otra te voy a querer más", es una manipulación que tiene efectos muy dañinos en su desarrollo psico-emocional. Los niños son dignos de amor a pesar de los errores que esperablemente cometerán. Las acciones erradas tendrán sus consecuencias, pero esas consecuencias jamás deben estar relacionadas con la pérdida del amor vital de sus padres. Eso solo interfiere con el desarrollo de la autodisciplina puesto que para desarrollarla es necesario que las mentes de los niños reposen seguros sabiendo que siempre serán dignos del amor de sus padres. Eso, a la vez, hace que sus mentes se abran a la posibilidad de aprender de los errores. Mientras más seguros se sientan los niños de nuestro amor, menos ansiedad tendrán, lo cual implícitamente se traduce en confiar que las cosas están bien y se darán bien. La confianza se nutre de ese amor incondicional.

Cuando los niños han sido nutridos de ese amor desde el inicio de sus vidas, ellos eventualmente transfieren esa confianza hacia el mundo que les rodea y van por la vida en un estado permanente de relajación y de optimismo. Ese optimismo les viene natural, pues ha sido reforzado cada vez que han visto satisfechas sus necesidades. Seguro habrá veces en las cuales no podamos satisfacer sus necesidades efectivamente, sin embargo, eso no será un problema porque la consistencia de la mayoría de las veces ya ha formado en el niño una confianza que es indestructible. Cualquier nivel de frustración que un niño seguro y confiado experimente se considera dentro de ese contexto algo sano y necesario, pues a partir de esas pequeñas frustraciones ellos desarrollan resiliencia.

Cada niño tiene instintos y capacidades que le permiten comunicarnos sus necesidades. Cuando los adultos finalmente hemos interpretado su mensaje y hemos respondido a sus señales, entonces el sistema nervioso de ese niño regresa rápidamente a su estado normal y su confianza básica hacia sus padres o cuidadores se reafirma. Este ciclo de respuesta a las necesidades es la base a partir de la cual los niños desarrollan seguridad en sí mismos e inteligencia emocional. Si por el contrario nosotros comunicamos a nuestros hijos que solo responderemos cuando ellos se comporten bien o cuando hagan algo de la manera en la que esperamos, entonces ellos empiezan a desconfiar de sí mismos y de su capacidad de comunicarse efectivamente con sus padres. Ese es amor condicional y hace que los niños pasen a un estado de supervivencia -y no de relajación- en el que predominan la ansiedad y el miedo a ser rechazados. Esos sentimientos de rechazo y de inseguridad, a su vez, se traducen en conductas desafiantes, en menos motivación para mostrarse respetuosos y en una pobre capacidad de autorregulación emocional.

La adquisición de la valoración inherente de los niños ocurre también gracias a un proceso que los psicólogos llamamos "reflejo". Todos tenemos la necesidad de ser vistos no como otros quisieran vernos sino como lo que somos en realidad. Los niños están constantemente analizando nuestras reacciones y nuestras expresiones faciales. Ante una caída, por ejemplo, muchos niños esperan ver la reacción de los padres para juzgar la severidad de lo ocurrido. Si los padres actúan con naturalidad y serenidad, los niños harán lo mismo. Si por el contrario, los padres gritan, se angustian y muestran preocupación en sus caras entonces muy probablemente los niños llorarán pues han recibido de sus padres señales de que lo ocurrido es severo, así el niño no experimente un dolor que justifique la magnitud de la reacción.

Así pues los adultos reflejamos nuestras emociones y sentimientos a través de nuestras expresiones aun cuando no decimos nada. Los niños saben desde muy temprano qué emoción se esconde detrás de una expresión. Si nos mostramos desilusionados de ellos, ellos sabrán responder con expresiones de vergüenza o de arrepentimiento. Este tipo de interacciones no deberían ser parte de la formación de ese valor inherente e incondicional necesario para su autoestima y seguridad. El amor incondicional nutre la autodisciplina, pues solo a través de él los niños aprenden de sus errores y se relajan en el saber que el amor de sus padres no dependerá de ese proceso de ensayo-error que es parte del aprendizaje en la vida.

Comunicación positiva= Agua

El agua es esencial para la vida vegetal. Para sobrevivir, las plantas necesitan agua que es absorbida por las raíces del suelo. El agua es transportada por toda la planta de manera casi continua para mantener sus procesos vitales funcionando.

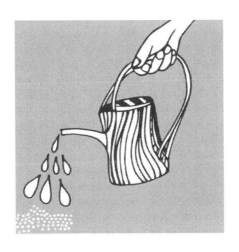

La comunicación positiva es esencial para el desarrollo de la autodisciplina. Para sentirse personas de bien, los niños necesitan frases positivas las cuales serán absorbidas por sus cerebros y adoptadas como su voz interna. Las frases positivas se transportan a sus circuitos cerebrales para mantener su autoestima funcionando.

4. Comunicación positiva

Si comprendiéramos el inmenso poder que tienen las palabras, cuidaríamos con celo todo aquello que sale de nuestra boca. La palabra dicha es como el agua derramada puesto que no se puede recoger. Por lo tanto, lo más prudente es procurar que el agua que reguemos sea agua que nutra y no que envenene. Las palabras nutren y crean, pero también pueden destruir. Cuántos frutos se han malogrado a partir de frases dichas repetidamente y sin pensar. Frases como "qué tonto", "no sirves para nada", "no toques eso que seguro lo rompes", "este niño es un desastre", son misiles que llegan a la mente de nuestros hijos y van conformando su voz interna, haciéndolos sentirse fracasados incluso en momentos de éxito. Por eso es imprescindible que sembremos en sus cabezas voces de optimismo y de esperanza, no de fracaso.

Desásgase de todas aquellas palabras negativas, desmotivadoras, ofensivas, limitantes y procure regar la fértil mente de su hijo con agua de amor, agua que construya, que halague y que motive el crecimiento de las potencialidades que cada niño tiene en su interior. Incluso cuando seamos testigos de un comportamiento innegablemente negativo, las palabras que salgan de nuestra boca deberían condenar al comportamiento, no al niño. Cuando a través de nuestras palabras implicamos que es el niño el que hace las cosas mal, lo estamos enjaulando en una cárcel de pesimismo y no le damos la llave para salir. Por el contrario, cuando decimos que el comportamiento no es aceptable o que puede mejorar, le damos tanto la esperanza como la certeza de que lo puede hacer mejor en el futuro.

La comunicación positiva, entonces, es fundamental no solo para motivar el buen comportamiento sino también para crear lazos fuertes y felices entre padres e hijos. Se trata, en esencia, de usar frases positivas y palabras cariñosas con un tono de voz bajo pero a la vez seguro que proyecte confianza y sutileza. Tanto nuestras expresiones faciales como nuestro lenguaje corporal afectan la manera en la que el mensaje será recibido.

Muchas de las luchas de poder se evitarían si los niños se sintieran más aceptados por nosotros, si supiéramos reconocer sus sentimientos y si pudiéramos enseñarles a verbalizar los suyos. El secreto está en nuestras palabras, en nuestro modo de dirigirnos a ellos y de interpretar la situación. Al hablar con los niños, nuestra posición con respecto a ellos marca una gran diferencia en cómo el mensaje será recibido. Si queremos enfatizar el mensaje -y no nuestra superioridad- entonces acompañemos las palabras con gestos que nos permitan ponernos en una posición de igual a igual. Posicionemos nuestro cuerpo a la altura de sus ojos y asegurémonos de contar con toda su atención. Dejemos de un lado la mala costumbre de alzar el dedo índice y sacudirlo al hablar como quien advierte al niño de que se avecina una reprimenda. Ese dedo amenazador distrae al niño del mensaje que se intenta comunicar. En vez del usar el dedo, intentemos poner ambas manos suavemente bajo el mentón del niño o tomemos sus manitas entre o sobre las nuestras. Esos gestos comunican conexión y cariño, no advertencia.

Recordemos que la comunicación es un intercambio, de manera que comunicarse positivamente también se trata de escuchar con atención todo lo que nuestros hijos tengan que decirnos. Como dijo

Catherine Wallace "si no escuchas con entusiasmo las cosas pequeñas cuando son pequeños, no te dirán las cosas grandes cuando sean grandes, porque para ellos se habrá tratado siempre de cosas grandes". El mostrar interés genuino en todo lo que los hijos nos quieran contar -sea lo que sea- incrementa las posibilidades de que cuando se encuentren en situaciones difíciles acudan hacia los adultos buscando confort y guía en vez de huir o esconderse de ellos como sucede muy frecuentemente durante los años de la adolescencia.

La comunicación positiva también se relaciona con el uso de frases positivas que empoderen a los niños a explorar el mundo sin miedos y que los incentiven a tomar ciertos retos y a lograrlos. Sin embargo, existe una gran diferencia entre incentivar e invitar al egocentrismo y a la competitividad. Al contrario de lo que mucha gente parece pensar, el autoestima **no** se forma con frases como "¡eres tan especial!" o "¡eres el más inteligente!" o "¡tú puedes ser todo lo que quieras ser!". Estas frases no conducen más que al egocentrismo, a la idea de que son el centro del universo y que son superiores a otros. Mucha concentración en estas frases hace que los niños piensen que ellos tienen valor solo en la medida en la que sepan demostrarnos que son aquello que hemos dicho que son: "especiales", "inteligentes", y/o "capaces de lograrlo todo". No me malentienda. Es importante reconocer los triunfos de nuestros hijos, sin embargo, estos reconocimientos deberían estar realmente justificados por algo puntual y específico. Por ejemplo, "¡qué lindo dibujo este que hiciste!" es una frase puntual y objetiva que reconoce la habilidad plasmada en un dibujo. Por el contrario "¡eres el mejor artista de todos!" es una frase que invita al egocentrismo.

Imagínese la frustración y la confusión que debe sentir un niño cuando un día deja de ser "especial". Imagine esa primera semana en el salón de clases cuando es uno más del montón, o en el salón de arte cuando ya no se siente "el mejor artista de todos". O tal vez cuando esté jugando con sus primos mayores y no logró hacer algo que ellos sí pudieron hacer. O simplemente cuando descubre que hay ciertos límites en la vida que no le permiten ser, hacer o lograr todo. Imagine qué frustración supone el darse cuenta que en la práctica esa mención de ser "el mejor" o "el más…." tal vez no debía haber sido otorgada.

El aceptarnos a nosotros mismos en nuestra totalidad implica aceptar lo bueno, lo malo y lo feo. Es decir, los niños deben saber que la vida está llena de altibajos y que tanto su valor inherente, como nuestro amor incondicional por ellos no dependerán de sus habilidades personales o de las vicisitudes de la vida.

Finalmente, la comunicación positiva también implica replantear la manera en la que pedimos complacencia de nuestros hijos. El uso excesivo de la palabra "no" invita al desafío especialmente si se trata de niños entre 2 a 4 años, edad en la que tienen la necesidad de afirmar su autonomía. En vez de usar frases usando la palabra "no", una comunicación positiva implica enviar el mismo mensaje sin el uso de la negativa. Si usted pregunta con un "no" por delante ("¿no quieres ir a la casa?") o cuando usa amenazas que incluyen un "no" para conseguir el comportamiento deseado ("si no vienes, no te doy helado"), las probabilidades de que le respondan negativamente o con un "no" se incrementan. En vez de eso, empiece sus frases con "tan pronto" o "apenas" ("apenas bajes del columpio nos vamos a la casa" o "en cuanto limpies tus juguetes, te llevo al parque"). Las frases verbalizadas en positivo comunican que usted confía en su habilidad de hacer lo correcto y suelen ser más efectivas en lograr la cooperación de los niños. Estas frases expresan una expectativa de que los niños harán lo que usted espera de ellos, haciéndolos más proclives a complacer.

En resumen, utilice fases positivas que faciliten la comunicación y la conexión. A continuación algunos consejos:

1. Ofrezca palabras de ánimo, no críticas. Las etiquetas y las críticas generan resentimientos y comportamientos desafiantes y además quebrantan su sentido de responsabilidad e iniciativa. Si estamos frecuentemente bravos con ellos y somos críticos de todo lo que hacen nuestros hijos, ellos no se portarán bien. Es como una profecía auto-cumplida pues nosotros mismos la hemos creado.

2. No empiece sus frases con negativas ni tampoco abuse del uso recompensas verbales como "¡muy bien!" o "¡excelente trabajo!". Al usar tales frases estamos beneficiando aquello que nosotros deseamos ver en ellos, sin embargo, al decirlo así tan generalmente los niños no saben necesariamente qué es lo que los hizo merecedores de aquel comentario. Los niños por lo general están hambrientos de aprobación de los adultos, de manera que el abuso de esas frases los puede hacer dependientes de ellas. Este tipo de frases pueden incluso crear un círculo vicioso en el que mientras más recurrimos a ellas, más parecen los niños necesitarlas, y entonces los adultos los seguimos elogiando un poco más. Por el contrario, una conversación puntual acerca de lo que se vio o de lo que se dijo y por qué eso es admirable será más efectiva que el cumplido general. Esto ayudará a los niños a convertirse en personas reflexivas.

3. Permita que el niño disfrute de sus propios logros y déjelo sentirse orgulloso de lo que ha aprendido o logrado sin necesidad de que usted le diga cómo sentirse. De seguro habrá momentos en los que nuestras evaluaciones sean apropiadas y nuestra guía sea necesaria, sin embargo, el dar a los niños juicios de valor constantemente no es necesario ni útil para el desarrollo de la autodisciplina. Los elogios crean presión de continuar con el buen trabajo y se interponen en el camino hacia el logro de las metas del niño. En parte esto sucede porque su interés en lo que están haciendo puede disminuir, y en parte porque se vuelven menos dispuestos a tomar riesgos (por temor a decepcionar), lo cual es un requisito para la creatividad. Una vez dado el cumplido, la dinámica de la actividad cambia porque entonces el pensamiento se centra en qué hacer y cómo hacer para que esos comentarios positivos continúen viniendo. Lo que los niños necesitan es apoyo incondicional y amor sin compromisos. El elogio es condicional.

Según el autor Alfie Kohn en su libro *Punished by Rewards*, cualquier cosa que decidamos decir a los niños tiene que ser en el contexto del afecto genuino y del amor por lo que los niños **son**, mas no por lo que han **hecho**. El reconocimiento de las acciones positivas de los niños como una forma de desalentar los mal comportamientos tiene pocas probabilidades de resultar efectivo en niños neurotípicos, sin discapacidades o sin necesidades educativas especiales. La mejor alternativa ante el mal comportamiento es trabajar con el niño para descubrir las razones por las que está actuando de esa manera. Además, es imprescindible reconsiderar nuestros propios requerimientos en vez de simplemente buscar una forma de que los niños se acaten a ellas. En lugar de decir "¡muy bien!" para hacer que un niño de cuatro años se siente en silencio durante una larga clase o cena familiar, tal vez deberíamos preguntarnos si es razonable esperar que un niño de esa edad haga eso. El mejor camino para eliminar los malos comportamientos será siempre aquel que involucre a los niños en el proceso de la toma de decisiones. Si un niño está haciendo algo que molesta a otros, entonces la mejor manera de resolver el problema es sentarse con él y preguntarle, "¿Qué piensas que podemos hacer para solucionar este problema?". Eso será más efectivo que darle premios por no hacerlo, o lo que es peor, chantajearlo o amenazarlo con castigos. La reflexión y la comunicación además ayudan al niño a aprender cómo resolver problemas y les enseña que sus ideas y sentimientos son importantes

¿Y entonces qué podemos decir cuando los niños hacen algo impresionante? Alfie Kohn propone tres opciones en su artículo "*Cinco Razones para Dejar de Decir "¡Muy Bien!"*, las mismas que han sido copiadas textualmente con permiso del autor:

1. *No decir nada.* Algunas personas insisten en que un acto servicial debe ser "reforzado" porque, secreta o inconscientemente, ellos piensan que fue una casualidad. Si los niños son básicamente malos, entonces se les debe dar una razón artificial para ser buenos (a saber, recibir una recompensa verbal). Pero si este cinismo es infundado-y muchas investigaciones sugieren que lo es-entonces los elogios no serían necesarios.

2. *Decir lo que se vio.* Un enunciado simple, sin evaluación ("Te pusiste los zapatos por ti mismo" o incluso solamente "Lo hiciste") dice a su hijo que usted se dio cuenta. También le permite a él sentirse orgulloso de lo que hizo. En otros casos, puede tener sentido hacer una descripción más elaborada. Si su hijo hace un dibujo, usted podría ofrecer unas observaciones – no un juicio-sobre lo que usted ve: "¡La montaña es inmensa!" "¡Hijo, de seguro usaste mucho color morado hoy día! "Si un niño hace algo cariñoso o generoso, usted podría atraer su atención sutilmente hacia el efecto de esta acción *en la otra persona*: "¡Mira la cara de Abigail! Ella parece estar muy feliz ahora que le diste un poco de tu comida". Esto es completamente diferente a un elogio, puesto que el énfasis está en cómo *usted* se siente acerca de la acción hecha por su hijo.

3. *Hablar menos, preguntar más.* Incluso mejores que las descripciones son las preguntas. Por qué decirle a él qué parte de su dibujo le impresionó a usted cuando puede preguntarle qué es lo que a *él* le gusta más de su dibujo. El preguntar "¿Cuál fue la parte más difícil de dibujar?" o "¿Cómo hiciste para hacer el pie del tamaño correcto?" es probable que alimente su interés por el dibujo. Decir "¡Muy bien!", como lo hemos visto, puede tener exactamente el efecto contrario.

Entonces, para concluir, la comunicación positiva es un acto de constante reflexión. No se trata de abusar de los cumplidos, de los agradecimientos o de las expresiones de admiración, se trata de considerar los motivos por los cuales decimos aquello que decimos. Una expresión genuina de apreciación es mejor que un deseo de manipular al niño a través de nuestras palabras. Si nuestras palabras ayudan al niño a percibir y a tener un sentido de control sobre su vida y sus acciones entonces sigamos diciéndolas. No es cuestión de memorizar un nuevo guión o inventario de frases, sino de tener presente cuáles son nuestros objetivos al decir aquello que decimos al elogiar.

TERCERA PARTE
El método AGRIDULCE

7.

¿Por qué la necesidad de contar con un método de disciplina democrática?

Por lo general a mí me asustan los métodos. Cada vez que se habla de métodos en el área de la crianza yo soy la primera en dudar. Y es que todos los métodos que hasta ahora se han propuesto como aquel del Dr. Estivill en su libro "Duérmete niño" (para entrenar a los bebés a dormir) tienen como denominador común una sobrevaloración de los intereses de los padres. El énfasis está en los medios que muchas veces no justifican el fin y la prioridad son los tiempos y los pasos del proceso mientras que se ignoran importantes elementos psicológicos del niño que están en juego. Estos métodos conductistas, como hemos dicho anteriormente, si bien logran los resultados deseados, también arruinan la relación entre padres e hijos puesto que se sabotea y se ignora todo intento de comunicación genuina por parte de los niños. Este tipo de métodos no permiten que se establezca una real relación entre padres e hijos puesto que el peso recae en el proceso, no en la comunicación ni en el entendimiento mutuo. Al usarlos los padres admiten que no conocen a sus hijos.

La historia de la crianza ha sido testigo de los cientos de métodos de este tipo al estilo "sillita de pensar" o como el "mágico 1, 2, 3" cuyos enfoques y prioridades no tienen nada que ver con la verdadera disciplina ni con la relación entre padres e hijos. Otro aspecto que tienen en común los métodos conductistas es que se hace hincapié en la fidelidad en cuanto a la aplicación de los pasos del proceso. Usualmente, si no se sigue bien la receta, los autores no garantizan el éxito de los resultados. El método AGRIDULCE, por el contrario, no es un método de esos. De hecho, pensé mucho acerca de cómo llamarlo para obviar la confusión que supone el llamarlo "método". Al crearlo y al escribir este libro pensé en la posibilidad de llamarlo "protocolo" o "guía", también pensé en "técnica". Al fin de cuentas todos estos términos me llevaban a la misma conclusión: es un simple juego de palabras. La definición de la palabra *método* según la Real Academia de la Lengua Española es "modo de obrar o proceder, hábito o costumbre que cada uno tiene y observa". Eso es justamente lo que el método AGRIDULCE propone. Es una forma respetuosa de proceder que reemplaza a las maneras inefectivas y poco respetuosas que por generaciones hemos venido los padres utilizando. No pasa nada si se salta un paso, ni tampoco hay tiempos ni indicaciones específicas.

El método AGRIDULCE se usa como una herramienta de aprendizaje de comportamientos adecuados y de resolución de conflictos que se inscribe bajo la disciplina democrática puesto que ayuda a los padres a gestionar los conflictos diarios con sus hijos de manera respetuosa, efectiva y sin ignorar sus preferencias y opiniones. Es un método preventivo, reflexivo y no punitivo que está basado en algunos de los principios de disciplina positiva de Adler, Dreikurs, Lott y Nelsen, y ha sido enriquecido con elementos de psicopedagogía y psicología evolutiva. La integración de la psicología evolutiva en nuestra manera de criar nos recuerda sobre la importancia de interpretar los comportamientos de los niños dentro del marco de su edad y de su etapa de desarrollo. Aquellos comportamientos que son característicos de la cada etapa deben ser considerados y tratados como normales y esperables, mientras que otros comportamientos que estén "fuera de lugar" para la edad deben ser corregidos o enseñados desde el respeto, la demostración y la oportunidad de práctica.

La psicopedagogía, por el otro lado, nos ayuda a comprender

cómo aprende el cerebro infantil mientras que al mismo nos permite a los adultos reemplazar viejos aprendizajes tradicionales por otros aprendizajes más efectivos. En definitiva, la psicopedagogía nos ayuda a educar a nuestros hijos para la autodisciplina de forma respetuosa. Parto de la idea de que no nos viene natural criar con respeto pues somos una generación de padres criados de la manera tradicional y autoritaria, de manera que no contamos con un modelo en nuestro propio sistema interno y psicológico al cual referirnos o en el cual basarnos.

Aunque nos cueste admitirlo, todos empezamos criando de manera inconsciente. Al haber pasado por la experiencia de ser hijos, hemos inevitablemente heredado el modelo de crianza de nuestros padres. Todos acarreamos esa historia en nuestro archivo mental y emocional, la misma que se hace evidente al convertirnos en padres. Muchos de nosotros tenemos recuerdos muy lindos sobre nuestra infancia y por lo general tuvimos padres que respondieron efectivamente a nuestras necesidades. Desafortunadamente, también hay quienes han tenido terribles experiencias de abuso físico y/o emocional. Para estos últimos padres, la crianza respetuosa funciona además como una suerte de terapia reparadora, pues muchos padres que se encaminan en ella sienten alivio y sanación de sus heridas emocionales a través de la elección y la práctica de una crianza consciente y sensible con sus propios hijos.

Las experiencias que hayamos tenido en la infancia influencian de gran manera nuestra forma de criar y de entender lo que significa la crianza. Es por eso que para un buen inicio en el camino de la crianza respetuosa es imprescindible desaprender aquello que hemos aprendido sobre la disciplina. Al mismo tiempo, es necesario despojarnos de la idea que la disciplina es algo que se *hace* a los niños. Como lo he dicho anteriormente, la disciplina no el algo que se hace, sino que se *aprende y se adquiere*. Disciplina no es un verbo. Disciplina es un sustantivo al igual que lo es la habilidad matemática o la capacidad de leer, de escribir o de tocar un instrumento.

Hemos entonces de aprender a criar con respeto de la misma manera que hemos aprendido cualquier otra habilidad en la vida. Al mismo tiempo, nuestros hijos aprenderán a portarse bien de la misma manera en que han aprendido a hablar, a caminar, a comer o a ir al baño solos, es decir, con oportunidades de práctica y con guía.

No es fácil ser padres ni tampoco es fácil aprender a criar de forma respetuosa cuando no se cuenta con una referencia propia, cuando no se tienen ayudas didácticas y cuando no existe el apoyo social para lograrlo. Al mismo tiempo que usted aprende a criar de forma respetuosa a través de la lectura de este libro y de la aplicación del método AGRIDULCE, su hijos aprenderán a ser personas respetuosas basándose en el modelo que usted les proporciona. Sus hijos aprenderán mayoritariamente del ejemplo y sin necesidad de estudiar y leer, como lo está haciendo usted. Así cuando ellos tengan sus propios hijos, sabrán exactamente qué hacer y cómo afrontar las situaciones difíciles basándose en su experiencia personal como hijos suyos. Usted, padre o madre, está entonces escribiendo un nuevo libro y marcando una nueva historia para las generaciones venideras. ¡Siéntase orgulloso de eso!

Pues bien, para comprender cómo aprende el cerebro infantil vamos a tomarnos un momento para comprender cuáles son los elementos necesarios para un aprendizaje exitoso en cualquier cerebro humano pero especialmente en el cerebro infantil. Valiéndonos de las contribuciones de la psicopedagogía se sabe que para que los niños aprendan las matemáticas efectivamente, por ejemplo, los buenos maestros primero modelan la resolución de un problema y lo van explicando y resolviendo paso a paso intentando involucrar al alumno en el proceso. Se sabe que para que los niños aprendan a ser independientes en la práctica de la destreza, el siguiente paso después del modelo del maestro es la práctica independiente de la destreza pero **con la guía** constante del maestro. Una vez que hayan practicado lo suficiente juntos, entonces los alumnos están listos para intentarlo por sí solos. La única diferencia entre una destreza matemática y una destreza de comportamiento es que aprender a sumar o a restar son procesos concretos, repetitivos y predecibles. Por el contrario, el aprender a "portarse bien" es un concepto muy amplio, demasiado general y requiere de más tiempo para su práctica y dominio.

La unidad del "buen comportamiento" es diferente en cada cultura y en cada familia. Cada capítulo no vendrá dictado por el texto sino por la vida y la oportunidad. Cuando se presente la oportunidad de enseñar el comportamiento, los adultos debemos estar listos con las herramientas que faciliten el aprendizaje. Con amor, paciencia y algo de creatividad los adulos podemos enseñar explícita y respetuosamente a los niños cómo comportarse de maneras socialmente aceptables. Esto implica darles oportunidades tanto para practicar esas conductas como para errar en el proceso. Al igual que con las matemáticas o la lecto-escritura, para aprender a comportarse bien los niños solo necesitan ejemplos, paciencia, oportunidades de práctica y amor.

Finalmente, además de nuestra disposición para enseñar las lecciones cuando éstas se presenten, está nuestra responsabilidad de informarnos y capacitarnos para que esas unidades o lecciones del "buen comportamiento" sean apropiadas para la edad. Debemos conocer qué y por qué los niños hacen lo que hacen en las diferentes etapas y edades. ¿Por qué los bebés meten cosas a su boca?, ¿por qué se suben a sillones o a otros lugares potencialmente peligrosos?, ¿por qué no comen los vegetales y otros alimentos nutritivos?, ¿por qué pegan o muerden?, ¿por qué no guardan sus juguetes al terminar de usarlos? Este tipo de información es fundamental puesto que nos ayuda a los adultos a saber si las expectativas que tenemos con respecto al comportamiento de nuestros hijos son parte de su etapa evolutiva -y por lo tanto son razonables- o si están "fuera de lugar" y necesitan ser reevaluadas.

Para acceder a más información acerca de las características de los comportamientos en cada etapa, le recomiendo acudir a las entidades gubernamentales más conocidas como la UNICEF, la OMS o el Centro para el control y la prevención de enfermedades (CDC) en Estados Unidos que ofrece mucha información gratuita (y asequible en el internet) al respecto del desarrollo de los niños. A continuación algunos enlaces que le pueden servir:

- http://www.cdc.gov/ncbddd/spanish/childdevelopment/
- http://www.unicef.org/
- http://www.who.int/topics/child_development/es/
- http://www.crececontigo.gob.cl/tag/desarrollo-infantil/

8.

El método AGRIDULCE

Hemos dicho que el método AGRIDULCE integra tanto elementos pedagógicos como estrategias de disciplina positiva, al mismo tiempo que se considera la etapa evolutiva del niño. Son muchos los elementos los que están en juego, sin embargo, todos se conjugan en nueve fáciles pasos. El acrónimo AGRIDULCE nos ayuda a recordar no solo la secuencia de los pasos sino además nos recuerda que la educación para la autodisciplina es un proceso justamente *agridulce*. Agrio en los momentos de dificultad pero dulce cuando el niño ha logrado aprender el nuevo comportamiento (o eliminar el mal comportamiento) sin necesidad de gritos, castigos, chantajes o amenazas. Este es sin duda un estilo de disciplina del cual podemos sentirnos orgullosos.

Veamos pues a qué corresponde cada letra o paso del proceso AGRIDULCE y en la siguiente página veremos un esquema que ilustra el proceso desde el punto de vista pedagógico. A través del esquema se hacen evidentes las responsabilidades y el peso que cada uno (el adulto y el niño) ejercen en cada paso del proceso:

1. **A**nticipar el plan o los obstáculos
2. **G**uiar en el proceso
3. **R**esponder con firmeza y amabilidad
4. **I**dentificar y validar las emociones

5. **D**escribir la situación

6. **U**bicar vías alternas y de reconexión .

7. **L**legar a un acuerdo mutuo

8. **C**onfirmar con claridad los términos del acuerdo

9. **E**jecutar el plan o enseñar el nuevo comportamiento

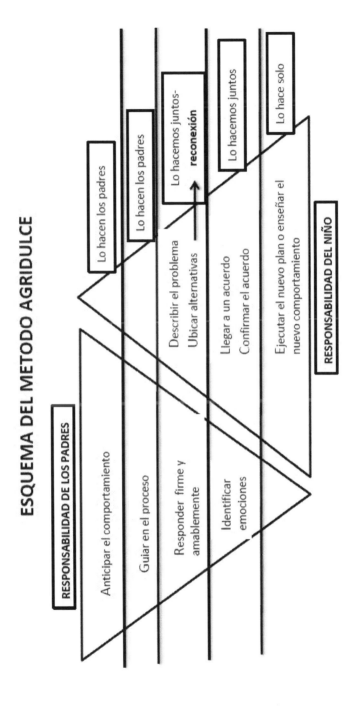

ESQUEMA DEL METODO AGRIDULCE

RESPONSABILIDAD DE LOS PADRES

Anticipar el comportamiento

Guiar en el proceso

Responder firme y amablemente

Identificar emociones

Lo hacen los padres

Lo hacen los padres

Describir el problema
Ubicar alternativas

Lo hacemos juntos-**reconexión**

Llegar a un acuerdo
Confirmar el acuerdo

Lo hacemos juntos

Ejecutar el nuevo plan o enseñar el nuevo comportamiento

Lo hace solo

RESPONSABILIDAD DEL NIÑO

Como se puede ver en el esquema de la página anterior, el método en sus primeros pasos recae en la capacidad de los padres de responder efectivamente y de guiar en el proceso para luego dar paso al aprendizaje independiente del niño. Como se dijo anteriormente, el nombre del método nos recuerda que los conflictos son agrios al inicio pero dulces al final puesto que los niños aprenden a tomar responsabilidad de su comportamiento y poco a poco van necesitando menos de los padres para guiarlos. AGRIDULCE también es un acrónimo de los pasos a seguir, por lo que su memorización es muy fácil y no hay necesidad de abrir este libro en el meollo de una situación para recordar qué paso viene después (hay una página al final del libro que puede recortar para usar de visual). Inicialmente, tal vez se vea en la necesidad de abrir este libro o de ver el visual para recordar a qué corresponde cada letra del acrónimo. Sin embargo, le garantizo que no tendrá que hacerlo más de dos o tres veces. Para la cuarta o quinta vez, todo será más natural.

Si bien esta herramienta ha sido efectiva para las familias participantes de un pequeño estudio piloto que realicé, es importante recordar que todos los niños son diferentes y no existe una receta que sea efectiva con todos. Los niños más impulsivos y más testarudos requerirán más firmeza, más paciencia y más oportunidades de practicar la auto-regulación. También es importante recordar que el trabajo preventivo que conscientemente realizamos los padres que practicamos una crianza sensible y con apego será necesario para la efectividad de este método. Como lo vimos anteriormente, no se puede esperar buen comportamiento de los niños si su motor corre constantemente con un tanque vacío de atención y de espacio u opción. Cuando sus tanques están llenos y sus plantas han sido nutridas, entonces este método promete ser efectivo. La meta del método de ninguna manera es crear niños intachables. La meta es contar con un plan de contingencia respetuoso para las situaciones difíciles que indudablemente se darán en la crianza. Recuerde que independientemente del estilo de crianza que se practique, todos los niños exhibirán comportamientos inapropiados derivados de la frustración, del cansancio y del paquete biológico de emociones que la naturaleza les heredó. No podemos evitar los malos comportamientos, pero lo que sí podemos hacer es intentar que éstos sean menos frecuentes, y procurar tener un plan de contingencia para actuar efectivamente y ***con respeto*** cuando éstos sucedan.

Para finalizar, el método AGRIDULCE es adaptable a la edad de los niños. Dado que el éxito del método depende en mayor parte de la calidad de comunicación, resulta más fácil su aplicación después de los dos años cuando los niños ya cuentan con herramientas verbales sólidas. Antes de esa edad, la efectividad de este método recaerá más en la habilidad de los padres tanto de comunicarse con sus hijos de manera clara y concisa, como de saber leer e interpretar sus señales e intentos de comunicación. El método es también flexible en el sentido de que habrá situaciones en las cuales no será necesario aplicar todos los pasos. Los únicos elementos realmente necesarios son aquellos que hemos discutido en este libro, los mismos que se relacionan con la conexión y con la nutrición del buen comportamiento. Todos esos elementos se verán en juego durante la aplicación del método.

1. Primer paso: Anticipar el plan o los obstáculos

El trabajo preventivo es el más importante y curiosamente es a menudo subestimado puesto que no es comprobable. Es decir, no podemos saber la magnitud o la severidad de aquel mal comportamiento que nunca se dio justamente porque al haberlo evitado hemos eliminado toda posible evidencia o posibilidad de comparación. Como dice el dicho "el lugar más limpio no es el que más se limpia sino el que menos se ensucia". Por lo tanto, en este enfoque no se trata tanto de corregir lo manifestado sino en lo posible de prevenirlo. Mucho de este trabajo preventivo se ha descrito ya en los capítulos anteriores de este libro pues se trata de nutrir la planta de la autodisciplina. Al nutrirla, estamos también previniendo que se malogre.

La prevención se trata de ser consistentes, de escuchar, de comprender, de permitir la expresión de emociones y de reparar los momentos de confusión o de ira. A continuación algunos consejos que previenen los malos comportamientos (muchos de los cuales serán repeticiones de lo ya dicho en los capítulos anteriores):

1. Juegue con los hijos. El juego es la mejor manera de enseñar a los niños lo que significa la cooperación y el autocontrol. A través del juego interactivo los niños aprenden que existen reglas y límites, y que éstas son necesarias para todos poder disfrutar.

2. Involúcrelos en la resolución de problemas. En vez de imponer, hágalos partícipes de la solución. Presente el problema en un momento de calma y con palabras que sus hijos puedan entender. Desarrollen juntos un plan. Los niños son más propensos a seguir las reglas cuando ellos fueron parte de su creación.

3. Enséñeles el lenguaje de las emociones. Los niños se comportan bien cuando han aprendido a regular sus ansiedades, frustraciones y decepciones de la vida diaria. A través de un diálogo

lleno de palabras que describan las diferentes emociones sentidas, los niños llegan a aprender que las decepciones son solo eso, decepciones y no catástrofes. Ayúdeles a reconocer cuándo una situación es frustrante y utilice las palabras adecuadas para describir los sentimientos que esa situación genera. Hábleles de sus propias frustraciones y de lo que hizo para lidiar con ellas.

4. Enséñeles a esperar. A medida que van creciendo, los periodos de espera y de tolerancia de los niños también se incrementan.

5. Ofrezca palabras de ánimo, no críticas. Las etiquetas y las críticas generan resentimientos y comportamientos desafiantes y además quebrantan su sentido de responsabilidad e iniciativa. Si estamos frecuentemente bravos con ellos y somos críticos de todo lo que hacen nuestros hijos, ellos no se portarán bien. Si los llamamos "mentirosos" o "malcriados" veremos que en eso se convertirán. Es como una profecía que se cumple porque nosotros mismos la hemos creado a través de nuestras palabras.

6. No empiece sus frases con negativas. Si usted pregunta con un "no" por delante ("¿no quieres ir a la casa?") o cuando usa amenazas que incluyen un "no" para conseguir el comportamiento deseado ("si no vienes, no te doy helado"), las probabilidades de que le respondan negativamente o con otro "no" se incrementan. En vez de eso, empiece sus frases con "tan pronto" o "apenas" ("Apenas bajes del columpio nos vamos a la casa" o "En cuanto limpies tus juguetes, te llevo al parque").

7. Llegue a acuerdos que satisfagan a todos. El llegar a acuerdos no signo de debilidad. Negociar es reconocer que todos tienen deseos y necesidades. Un acuerdo es el punto medio entre dos opciones extremas donde tanto el niño como el adulto aprenden a ceder.

8. Enséñeles la importancia de los sentimientos de otras personas. El respeto a las necesidades y sentimientos de otros es la base del comportamiento moral.

9. Cáchelos con "las manos en la masa" pero haciendo algo bueno y dígales lo orgulloso que se siente de aquel buen comportamiento que observó.

10. Escúchelos. Cuando los niños sienten que sus preocupaciones han sido escuchadas y entendidas, harán menos demandas. Escuche su versión de la historia ante un problema y dígales qué parte de lo que dijeron o hicieron estuvo bien antes de resaltar lo que estuvo mal.

Todo ese trabajo preventivo es como labrar la tierra y fertilizarla para que la semilla germine y crezca con más probabilidad de dar frutos. Anticipar además involucra ser consciente de las necesidades y los comportamientos característicos de la edad de nuestros hijos y tener expectativas realistas a la hora de juzgarlos. No podemos, por ejemplo, pedir de un bebé de meses que se quede sentado en su car-seat (silla del carro) por horas y sin llorar, o de un niño de 2 años que espere sentado y sin moverse en la mesa del restaurante por 30 minutos de corrido, o de un bebé de un año que no toque ni juegue con nada que sus ojos vean. Esos comportamientos son característicos de la edad y deben ser entendidos desde el punto de vista madurativo. El llanto, la inquietud o la curiosidad en estos casos no debieran interpretarse como un mal comportamiento sino como una necesidad propia de la edad.

Por lo tanto, el ser realistas a la hora de exigir comportamientos adecuados a determinada edad, nos permitirá ser justos a la hora de educar para la autodisciplina. Anticipar se trata prever los posibles obstáculos de alguna situación de manera que no nos sorprenda. Al anticipar nos preparamos con alternativas y nos armamos con herramientas para tomar la acción necesaria cuando la situación que preveíamos lo amerite. Anticipar también involucra revisar el plan o los términos de un acuerdo para evitar que se desencadenen malos comportamientos a raíz un mal entendido o de un mal comunicado.

A continuación algunos ejemplos de frases o pensamientos que indican anticipación:

Situación 1: *"Tengo que contestar esta llamada. Apenas acabe la llamada, juego contigo"* (asegúrese de cumplir las promesas)

Situación 2: *"La mesa de la abuelita tiene cosas que se pueden romper, puedes jugar con esta cuchara pero no con este vaso que se puede romper"* o mejor aún, antes de los 2 años los papas pueden retirar estas cosas frágiles de la vista del niño para evitar tentar al niños con ellas.

Situación 3 *"Vamos a estar en este avión por mucho tiempo. Te voy a dar estos juguetes para que juegues cuando estés cansado o aburrido"*

Situación 4 *"Hoy vamos a salir de compras al supermercado y te voy a comprar solo un dulce, ¿trato? Si me pides más dulces mami te va a decir "no"*. Espera una confirmación de que está de acuerdo con el trato.

Muchas veces los padres anticipan las necesidades o los comportamientos sin necesariamente comunicarlas con sus hijos. Por ejemplo, cuando los padres llevan juguetes para los bebés sabiendo que necesitarán entretenerlos mientras esperan en la cola del banco o en la mesa de un restaurante. Esa anticipación no comunicada también es parte de este paso.

Finalmente, no está de más recordar al lector que la anticipación como herramienta de prevención de malos comportamientos no tiene nada que ver con ser mal ahuero. El decir a un niño cosas como "te vas a caer" cuando este intenta subir las escaleras o "se te va a romper" cuando un niño juega con algo frágil no es el tipo de anticipación al que me refiero. El pronosticar resultados negativos de una acción basados en una mínima probabilidad de que estos sucedan no es una buena práctica. Intente en esos casos la guía.

2. Segundo paso: Guiar en el proceso

Este paso es la continuación lógica de la anticipación. Si se anticipa, por ejemplo, que el niño tendrá dificultad esperando mucho tiempo sentado en la mesa del restaurante, entonces además de la anticipación, cabe la guía. La guía en el proceso, en este caso, sería justamente proporcionar los juguetes o guiar en las reglas de su uso mientras se espera. También se puede guiar ante un plan predeterminado como en los casos en los que los padres han confirmado los términos de la visita al supermercado aclarando que solo comprarán un dulce. En este caso, la guía implica recordar a los niños del acuerdo establecido anteriormente. Implica también el repaso o la práctica de las conductas que se esperan en una determinada situación, o aquellas que se habían enseñado anteriormente.

Por ejemplo, hemos anticipado que los niños se van a cansar de esperar en la cola del banco, les hemos dicho que la espera será larga. La guía en el proceso de espera requiere que les recordemos qué comportamientos específicos esperamos de ellos mientras se espera en la cola. Recuerde que "portarse bien" no significa nada concreto. Los niños necesitan saber qué comportamientos específicos esperan sus padres de ellos en determinadas situaciones y es mejor si se las presenta sin usar el "no" por delante, pues el "no" invita al desafío. Por ejemplo: "debemos hacer silencio dentro del banco" en vez de "no grites", "debemos caminar en el restaurante" en vez de "no corras", "las sillas son para sentarse, las mesas para poner la comida", en vez de "no trepes en las mesas").

A continuación algunas acciones que demuestran guía en el proceso:

Situación 1: Pídale al niño que busque o saque los juguetes con los que quisiera jugar mientras espera que termine la llamada (la cual le anticipó que debe hacer o contestar en el paso 1).

Situación 2: Pásale la cuchara y muéstrele maneras de jugar con ella. (En el paso 1 usted anticipó que el niño seguramente va a querer jugar con el vaso de vidrio y le advirtió que no lo va a poder hacer pues se puede romper).

Situación 3: *"Ya mismo llegamos, yo también estoy cansada de estar sentada pero no podemos salir de aquí hasta llegar. Juguemos con tus juguetes."* El utilizar distracciones o dirigir la atención hacia otra actividad son maneras de guiar el proceso.

Situación 4: *"Vamos a encontrar un dulce para ti. Ya sabes que quedamos en que solo vamos a comprar uno. Después de que elijas tu dulce tienes que ayudarme a encontrar las cosas de mi lista."* Al describir los pasos del acuerdo y verbalizarlos mientras se los va cumpliendo uno por uno ayuda a los niños a tener todo el panorama claro en su mente. Sus mentes no están listas para recordar grandes cantidades de información, de manera que mientras más podamos guiar en función de la regla establecida, del acuerdo hecho o del comportamiento deseado, más cooperación recibiremos.

3. Tercer paso: Responder con firmeza y amabilidad

En la gran mayoría de casos la anticipación y la guía son suficientes para evitar los malos comportamientos. Sin embargo, no siempre tendremos los mismos resultados aun cuando hemos hecho lo posible por anticipar y por guiar. Los niños de edad preescolar especialmente se caracterizan por ejercer su autonomía. Basta un "no" para que hagan lo contrario, ¿le ha pasado? En estos casos, la respuesta de los adultos deberá ser lo suficientemente amable como para no caer en una lucha de poder, y al mismo tiempo lo suficientemente firme como para ser tomados en serio. Tanto el tono de voz como el lenguaje corporal juegan un rol muy importante a la hora de responder (revise el capítulo sobre la comunicación positiva). Lo ideal es no sonar como oficial general de las fuerzas militares pero tampoco rogar con un tono de voz suave e inseguro como si tuviéramos miedo a una respuesta desafiante o al llanto. Se puede por ejemplo, decir "quedamos en que no vas a jugar con este vaso de la abuela" de manera firme y segura sin necesariamente gritar. Esta afirmación es respetuosa hacia los niños puesto que no etiqueta y no es agresiva, pero tampoco deja la duda en el niño de lo que se espera de él o ella.

Veamos cómo se vería una respuesta firme y amable en las primeras situaciones anteriores:

> Situación 1: Supongamos que durante la llamada de teléfono su hijo hace mucho ruido y se arrastra de sus piernas mientras habla por teléfono (es obvio que busca conexión). Es momento de responder al comportamiento inapropiado sin desmerecer la necesidad de atención. Entonces usted interrumpe la conversación por unos segundos. Se baja a la altura del niño, le ve a los ojos asegurándose tener toda su atención y le dice con voz firme: *"Yo también quiero jugar contigo pero ahora necesito que dejes de hacer ruidos porque no puedo escuchar bien. Apenas termine la llamada jugamos, ¿entendido?"* Espere la confirmación y regresa a la

llamada. En el mejor de los casos dirá "si" o "ya" y esperará pacientemente a que termine de hablar. Problema resuelto. En el peor de los casos llorará y/o pataleará porque no quiere esperar. Como evidentemente usted no podrá seguir hablando, pide a la persona si es posible devolverle la llamada en unos minutos. Esta vez se toma un poco más de tiempo para gestionar la situación. En el siguiente paso veremos cómo gestionarla.

Situación 2: Le ha anticipado que no puede jugar con el vaso y le ha mostrado como jugar con la cuchara. Tal vez esa prohibición haya generado ira por lo que en vez de jugar con la cuchara, la lanza. Una respuesta firme y amable implicaría agarrar la cuchara del suelo la primera vez y mostrársela al niño diciendo firmemente: *"No la vamos a lanzar porque es peligroso y le puede caer a alguien. Si la lanzas nuevamente voy a tener que guardar la cuchara"* (consecuencia lógica anticipada). Mientras usted presenta los términos del juego no le dé la cuchara al niño pues necesita toda su atención. Después le da una segunda oportunidad de emendar su error y le devuelve la cuchara. Si no la vuelve a lanzar, enhorabuena. Si la vuelve a lanzar entonces cumpla lo que ha dicho y guarde la cuchara. Seguro tendrá que gestionar la frustración después de eso, pero no tema hacerlo. El guardar la cuchara es la consecuencia lógica de un acto peligroso que se ha dado más de una vez. Usted cumplió con los cuatro requerimientos para que la consecuencia sea efectiva y respetuosa (ver página 39). Le ha dado una oportunidad de aprender y de entender por qué no lo debe seguir haciendo, sin embargo, lo sigue haciendo. Es hora de enfrentar la consecuencia que ha sido anticipada, tomándonos el tiempo tanto de gestionar las emociones como de recibir confirmación de que el niño comprende claramente el comportamiento que se espera en una próxima vez con relación a tirar cosas en el aire y la consecuencia de no seguir esa regla.

Situación 3: El niño está cansado de estar sentado en el avión y empieza a gritar dando alaridos. Todos los pasajeros acusan con la mirada y ustedes se vuelven el centro de atención. Una respuesta firme y amable sonaría algo así: *"Cuando dejes de gritar podemos pararnos un ratito para caminar en el pasillo"* o *"Una vez que hagas silencio podemos jugar con los juguetes que te traje"*. Sin desesperarse y sin alzar la voz esta frase es firme, es amable y al mismo tiempo distrae. Una vez que termine el grito usted hace lo que prometió. Por el contrario, si sigue gritando descontroladamente y dado que no hay lugar hacia donde transportar la situación, intente contener la frustración (con abrazos apretados). La contención será más efectiva que los gritos. Ya mucho tienen los pasajeros con escuchar los gritos del niño, no querrá añadir los suyos al ya muy concurrido show.

Situación 4: Le ha anticipado la regla y además esa regla fue clara y justa. Fueron primero por un dulce en el supermercado y ahora es turno de usted mamá (o papá) de buscar las cosas de su lista de víveres. Pero resulta que aún después del dulce, su niño o niña quiere más. Habrá que recordarle el acuerdo de manera firme y amable. *"Recuerda que el trato era que íbamos a buscar tus cosas primero y las mías después. Ya tienes tu dulce. Ahora yo estoy buscando lo mío. Ese fue el trato."*

4. Cuarto paso: Identificar y validar las emociones (de los dos, no solo del niño)

Como lo vimos en capítulos anteriores, la ira, la frustración, los celos son sentimientos desagradables pero válidos y deben recibir la importancia que merecen. Es muy importante que hagamos saber a los niños que todas las emociones son aceptadas y que recibirán un espacio para que las expresen. Eso no significa que se valga expresarlas de la forma que sea. Vamos primero a identificar la emoción para después validarla con palabras, pues para aprender a gestionar primero hay que abrir la posibilidad de sentir y de reconocer lo que se siente. El validar significa dar permiso para sentir sin juzgar, castigar, aislar o amenazar a los niños por el hecho de que están sintiendo una emoción desagradable, o por sentirla en relación a nosotros.

Recordemos que validar es una especie de traducción del idioma emocional al idioma de palabras. Una vez que sean identificadas esas emociones, los niños deben aprender las palabras que las definen. De manera que a medida que van creciendo y aprendiendo a hablar, puedan expresarlas claramente. Esto ayudará a minimizar malos comportamientos, pues una vez que sepan describir sus emociones, generalmente una frase llena de las entonaciones propias de dicha emoción, bastará para expresarla. Al no tener esas herramientas verbales a su disposición, los niños se valen solo de acciones.

Validar las emociones también implica empatizar y poder comunicar cómo usted también ha sentido esas emociones anteriormente. Por ejemplo: "Veo que estás aburrido, yo también estaría aburrida si no pudiera moverme de esta fila del banco" o "Ya me di cuenta que estás bravo, yo también estaría brava con mi mami si no me compra algo que realmente quiero". Los niños aprenden de mejor manera con el ejemplo. Es por eso que si siente que empieza a perder el control, respire y aléjese para tranquilizarse. Es mejor esperar a que todo eso pase para hablar y reflexionar. Procure proyectar calma y seguridad durante las situaciones difíciles pues las emociones son contagiosas, y lo que los niños buscarán los momentos difíciles es guía y apoyo. Por lo tanto, si nuestra respuesta a un mal comportamiento es de mayor estrés o enojo, en vez de ayudar, estaríamos causando más desequilibrio.

Así es como se vería la identificación y la validación en las situaciones anteriores:

Situación 1: *"Veo que estás frustrado porque quieres jugar conmigo este mismo momento. Lo siento pero mami tenía que hablar por teléfono y lo va a tener que hacer de nuevo. Yo también quiero jugar contigo pero no puedo ahorita. Te dije que jugaríamos después de la llamada. Ahora me siento enojada y frustrada porque con el ruido que hiciste no pude hablar y tuve que cortar la llamada".* Cabe en este momento abrazar, besar, y confirmarle al niño que se lo quiere y que su comportamiento no ha afectado tu amor por él/ ella. Su enojo ha sido expresado con palabras pero eso no quita que pueda dar afecto.

Situación 2: *"Ya sé que estas muy enojada porque no te dejé topar el vaso de la abuela. ¿Sabes? Yo también estoy enojada porque lanzaste la cuchara en el aire dos veces y yo te explique que eso es peligroso. Lo siento que te quedaste sin cuchara, la próxima vez sabrás que no debemos lanzar las cosas al aire".* Si es necesario contener el llanto con un abrazo, hágalo. El abrazo de ninguna manera elimina o cancela la lección que se está intentando enseñar.

Situación 3: Suponiendo que la frase firme y amable del paso anterior no consiguió acabar con los gritos dentro del avión, lo prudente es entonces contener la emoción. Mientras abraza y contiene empáticamente esa frustración, sea amable y diga lo mucho que siente que no se pueda hacer nada más que esperar a que aterrice el avión. Tenga paciencia y respire. No se deje controlar por los nervios y por la angustia del "qué dirán". Al contener, los gritos se volverán llanto y el llanto suele ser menos ruidoso y disruptivo. Contenga el llanto hasta que culmine. Después reflexione y describa lo que pasó.

Situación 4: Si estamos en este paso, aun después de la respuesta firme y amable, significa que el recordatorio del trato generó sentimientos de frustración. Ni el amable recordatorio ni la consistencia y firmeza de la respuesta lograron parar el pedido de más dulces. Seguramente el niño no solo que no aceptó el "no" sino que además subió la intensidad de su pedido lo cual implica gritos, llanto o berrinche. Si ese es el caso, actúe igual que en la situación tres. Gestione el berrinche. Es decir, verbalice la frustración, sea empático y contenga si es necesario pero no cambie su respuesta ni los términos del trato hecho al inicio. Él "no" sigue siendo "no" aún después del berrinche. Usted cumplió con su parte y esperó que el niño cumpla con la suya de manera que este no es momento de negociar. Si es necesario salir del establecimiento para gestionar el berrinche, hágalo. De todas maneras no va a poder hacer compras tranquilamente así que lo más prudente es darle el lugar y el tiempo que aquella situación amerita. Una vez arreglado el asunto podrá continuar sus compras. Para continuar este proceso exitosamente es aconsejable aplicar todos los pasos.

5. Quinto paso: Describir la situación

Ni su hijo ni usted van a llegar a ningún arreglo o acuerdo si están enojados o alterados. Esperen a estar más calmados para analizar, dialogar, cuestionar, y reflexionar. Al describir la situación, recuerde hablar estrictamente de lo que pasó y de las emociones que se dieron. Evite culpabilizar y no use términos que definan al niño (ej. irrespetuoso, malcriado, grosero) sino palabras que definan a las emociones sentidas (ej. miedo, iras, celos) y a la situación (ej. desorden, ruido, falta de comunicación). Al describir la situación los niños podrán reconocer en donde estuvo la falla o el problema, de manera que si se presenta nuevamente las posibilidades de que repitan la misma conducta serán menores.

Veamos cómo se describe la situación usando las mismas situaciones anteriores:

Situación 1: (una vez que estén calmados y haya pasado el llanto o la frustración de los dos) explique lo que acaba de ocurrir: *"Mami tenía que hacer esa llamada porque es muy importante y tú debías esperar en ese momento como te lo pedí. Mientras esperabas podías jugar a mis pies con tus juguetes pero lo que hiciste fue arrastrarte de mis piernas y gritar y así yo no podía hablar tranquilamente. ¿Te gustaría que te grite en el oído mientras escuchas tus canciones favoritas? ¿No verdad? Eso no te dejaría escuchar bien. La próxima vez que esté en el teléfono quisiera que juegues en silencio a mis pies. Te prometí que iba a jugar contigo después de la llamada".*

Situación 2: En el paso anterior usted ya verbalizó su empatía hacia las emociones sentidas. En este paso solo corresponde reflexionar sobre aquello que no estuvo bien acerca del comportamiento sin culpar al niño. El niño debe siempre sentirse querido a pesar de sus malas decisiones. Le podría decir *"te amo mucho y no quisiera que al lanzar las cosas al aire te hieras a ti mismo o a otros."*

Situación 3: En el paso anterior usted gestionó el llanto producido por el cansancio y la frustración. Los adultos también nos cansamos al estar sentados largas horas en un avión o en un bus, de manera que es esperable que un niño se canse también. En este paso lo importante es describir lo que implica viajar en avión. Se puede usar a otras personas como ejemplo para demostrar cómo todos en el avión deben estar sentados puesto que no hay espacio para caminar ni jugar. Se le puede mostrar las ventanas y explicar cómo funcionan los aviones. Todo en este paso es con el propósito de que el niño entienda la razón de la prohibición. Cuéntele que a usted también le incomoda no poder pararse y corretear y que también quisiera llegar rápido al lugar de destino.

Situación 4: Ha salido del lugar para gestionar el berrinche provocado porque usted le recordó que no comprará más dulces, como inicialmente habían acordado. Una vez que los dos estén calmados y antes de regresar a las compras, tómese el tiempo para resumir lo que acaba de pasar usando palabras que el niño pueda entender. *"Antes de entrar al súper quedamos en que te iba a comprar un dulce y que era lo primero que íbamos a hacer. Sin embargo, no cumpliste el trato porque insististe en que te compre más. Los tratos deben cumplirse. Yo cumplo con el mío y esperé que cumplas con tu parte. ¿Me puedes explicar qué te paso?"* (Escuche con atención y empatice)." Vamos a regresar a las compras otra vez y ya sabes que voy a decir "no" si me vuelves a insistir. ¿Está claro? ¿Me quisieras decir algo más que te molesta?"

6. Sexto paso: Ubicar vías alternas y de reconexión

Si ha llegado a este paso, ¡siéntase victorioso! Lo más difícil ya pasó. A partir de este paso las cosas tienen un tono más feliz. Esta última es la parte dulce del proceso. Todo lo anterior fue agrio pero necesario.

Ubicar vías alternas se trata de dar opciones, pues la opción es reparadora. Los niños que sienten que tienen algo de control en sus vidas tienden a exhibir menos malos comportamientos que aquellos niños que son constantemente obligados a hacer cosas. Esto significa que cuanto más poder de elección demos a los niños, menos probabilidades habrán de que ellos exhiban comportamientos inapropiados. Lo maravilloso de dar a los niños contadas opciones de las cuales escoger es que los adultos somos quienes ultimadamente decidimos qué opciones nos parecen aceptables y las ofrecemos sin temor. Se entiende que cualquiera que sea la opción elegida de entre las dadas, será una opción válida tanto para los padres como para el niño. Al dar una opción u alternativa estamos ofreciendo balance y equilibro a la situación conflictiva que acabamos de pasar. De manera que este es el momento perfecto para la reconexión. Todo conflicto implica un desbalance en la relación y toda relación necesita de momentos de reparación y de reconexión para que perdure y continúe siendo armoniosa. Las opciones que usted ofrezca en este paso deberán ser opciones reparadoras, puesto que devuelven el control al niño haciéndolo más propenso a cooperar y a querer reestablecer la conexión con usted.

Veamos qué opciones podríamos dar en las situaciones anteriores:

Situación 1: *"¿Quieres jugar con tus carros o quieres ver TV mientras me esperas a que termine la llamada?"* (Se entiende que las dos opciones son igual de válidas para la madre).

Situación 2: *"¿Quieres jugar con un vaso de plástico o prefieres intentar la cuchara otra vez sin lanzarla? "*

Situación 3: *"¿Quieres ir al baño del avión para estirar las piernas o quisieras jugar aquí con tus juguetes?"*

Situación 4: *"¿Quisieras ayudarme a hacer las compras con el trato de que no habrá más dulces o regresamos a la casa y vengo a hacer compras después yo sola?"* (Se entiende que la segunda es una opción solo si el niño tiene con quien quedarse en casa).

7. Séptimo paso: Llegar a un acuerdo mutuo

Una vez que se haya gestionado el problema y se haya reflexionado acerca de aquellos comportamientos inapropiados, es preciso contar con opciones y llegar a acuerdos que satisfagan a todos. El llegar a acuerdos no es un signo de debilidad de los padres. Negociar es reconocer que todos tienen deseos y necesidades. Sin embargo, tenga cuidado con hacer tratos o negociaciones utilizando premios o incentivos materiales para lograr el comportamiento deseado. Si bien esas transacciones materiales nos sacan de apuros de vez en cuando, son a la larga un arma de doble filo. El riesgo que se corre con esas transacciones ("si me ayudas a limpiar, te doy un chocolate") es que con el tiempo se convierten en negociaciones que solo favorecen al niño. Muy pronto serán ellos quienes propongan algún tipo de trueque monetario o material a cambio de su cooperación. Si los niños están acostumbrados a ser sobornados para demostrar comportamientos deseados, lo obvio es también intenten sobornar para obtener lo que desean. Eso sí es manipulación, pero es manipulación aprendida gracias al ejemplo de los adultos. La idea de la disciplina, como lo vimos anteriormente, no es que los niños hagan las cosas por el incentivo sino por convicción de que eso es lo que se debe hacer para el bien de todos los involucrados. Aunque acudamos a estas frases que nos sacan de apuros de vez en cuando, no hay mejor aprendizaje que el ejemplo, la paciencia y las palabras de guía.

Un acuerdo es el punto medio entre dos opciones extremas donde tanto el niño como el adulto aprenden a ceder. A diferencia del soborno por un incentivo material, este tipo de negociación es una habilidad social que los niños deberán aprender a transferir a la sociedad. El mundo está lleno de negociaciones y para enseñarles a ser justos con otros, es preciso empezar en casa. Después de que el niño haya elegido la opción presentada en el paso anterior, el acuerdo mutuo previene que existan más conflictos derivados de esta reciente elección.

Así es como se llegaría a un acuerdo mutuo en las situaciones anteriores:

Situación 1: Suponiendo que el niño eligió jugar con los carros cuando se dio la opción en el paso anterior: *"¡Listo! Agarra tus carros y tráelos para acá. Hagamos un trato: yo te veo jugar en silencio a mis pies mientras hago la llamada, ¿te parece?"* Espere la confirmación. En este ejemplo los dos ceden. El niño se compromete a no hacer ruido y el adulto se compromete a estar cerca del niño mientras este juega.

Situación 2: Asumiendo que quiere la cuchara otra vez a partir de la opción que se le dio en el paso anterior. *"Te voy a dar la cuchara de nuevo pero no la puedes lanzar. ¿De acuerdo?"* Espere la confirmación. El adulto cede pues regresa la cuchara al niño la cual se la había quitado anteriormente y el niño cede pues se compromete a no lanzarla.

Situación 3: Si el niño eligió ir al baño para estirar las piernas, antes de ir, se le recuerda que al regresar usted espera nuevamente que juegue en silencio hasta llegar al destino. El adulto ha cedido ante el pedido del niño de moverse y el niño también ha cedido porque se compromete a no gritar como lo hizo anteriormente.

Situación 4: Si el niño ha elegido regresar al súper para continuar las compras, se le recuerda los términos del acuerdo inicial y se enfatiza que todavía está pendiente encontrar los víveres de la lista (no mencionemos aquí el dulce). No es un acuerdo completamente nuevo en este caso, es el mismo del inicio con la diferencia que se le ha dado una opción que antes no existía (la de regresar a casa). Si la elección del niño fue regresar a la casa, el nuevo acuerdo consistiría en que se quedará allá a cargo del padre u otro adulto mientras usted se va a hacer las compras por sí sola. Cualquiera que sea la elección del niño, lo importante es que beneficie a los dos así hayan tenido que ceder en otros aspectos.

8. Octavo paso: Comunicar con claridad los términos del acuerdo

Mientras más pequeños sean los niños, más repeticiones necesitarán para aprender las reglas del mundo y para recordarlas. Si bien en el paso de la descripción ya se habló de la situación y se explicó en donde estuvo el error o el problema, nunca está de más comunicarlo nuevamente a manera de resumen y poniendo en palabras claras los términos del acuerdo.

Así es como se vería la comunicación de los términos en las situaciones anteriores:

Situación 1: *"Recuerda que debes jugar en silencio mientras hablo por teléfono para poder escuchar. Recuerda que el trato es que voy jugar contigo después de la llamada solo si haces silencio mientras hablo, ¿estamos?"* (Espere la confirmación o, mejor aún, pídale que la verbalice el acuerdo).

Situación 2: *"Recuerda que si lanzas la cuchara al aire, te la quitaré de nuevo porque ya hablamos que es peligroso, ¿estamos?"* (Espera la confirmación o, mejor aún, pídale que la verbalice la regla).

Situación 3: *"Recuerda que al regresar del baño vas a jugar en silencio en tu asiento. Pronto aterrizará el avión."* (Espera la confirmación o, mejor aún, pídale que la verbalice la regla).

Situación 4: *"Recuerda que al entrar al súper quisiera que me ayudes a encontrar las cosas de mi lista".* (Espera la confirmación o, mejor aún, pídale que la verbalice el acuerdo).

9. Noveno Paso: Ejecutar el nuevo plan o enseñar el nuevo comportamiento

Pues bien, dependiendo de la situación habrá veces que sea necesario ejecutar el nuevo plan acordado y observar los resultados de todo el trabajo anterior. Otras veces, sin embargo, como cuando se trata de aprender una nueva forma de jugar con la cuchara, o cuando se trata de aprender una nueva manera de expresar ira o frustración, es necesario enseñar la nueva conducta apropiada que reemplazará a la anterior (inapropiada). Por eso este paso en el acrónimo AGRIDULCE puede ser usado de dos maneras diferentes. O bien E de ejecutar o bien E de enseñar.

Así es como se vería la ejecución o enseñanza en las situaciones anteriores:

Situación 1: Ejecución- *"¿Estás listo para jugar en silencio? Voy a hacer la llamada"*.

Situación 2: Enseñanza-*"Mira todas estas maneras de jugar con la cuchara"* (Demostrar).

Situación 3: Enseñanza: *"¿Juguemos con esto mientras esperamos a que aterrice el avión?"* (Demostrar).

Situación 4: Ejecución: *"¿Listo para entrar y ayudarme a hacer las compras?"*

¡Uf! Ha llegado al final del método. ¡Felicitaciones! Al principio le puede parecer un proceso largo y cargado de lenguaje. Sin embargo, a partir del tercer paso todos los restantes se dan uno tras otro y no toman más de unos minutos aplicarlos. Si lo que quiere usted son niños reflexivos y bien comportados, lo prudente es tomarse el tiempo de gestionarlo de manera apropiada. Verá los frutos de su trabajo en el comportamiento de sus hijos. ¿Y si todavía persiste el mismo comportamiento a pesar de haber aplicado todos los pasos? Puede pasar. En ese caso regrese al paso tres y repítalo todo nuevamente desde la respuesta firme y amable. Le garantizo que el comportamiento finalmente será eliminado pero algunos niños necesitaran más repeticiones que otros. En otros casos los comportamientos están arraigados y no han sido corregidos prontamente entonces tomará más tiempo su eliminación.

Al aplicar este método usted se dará cuenta de que los niños por sí solos serán quienes poco a poco se auto-apliquen los pasos al final del método sin necesidad de que usted los inicie. Ellos serán quienes verbalicen sus emociones, quienes propongan acuerdos y quienes busquen otras alternativas para resolver problemas, pues ese es el ejemplo consistente que han recibido de usted. En ese momento usted confirmará que la autodisciplina está tomando su curso normal y además será evidencia de que todo aprendizaje en la vida se logra en base a la consistencia y a la práctica. No existe necesidad de usar técnicas amenazantes características del estilo de crianza autoritario que lo único que logran es romper nuestra conexión con los niños.

Recuerde que dado que este método es muy cargado de lenguaje, al ser aplicado en niños menores a 2 años se necesitarán hacer ciertas modificaciones puesto que los niños menores a esa edad todavía no están listos madurativamente para entablar conversaciones extensas. El lenguaje que se utilice con ellos debe ser más simple, más concreto y de pocas palabras. Este método tiene mejores resultados con niños cuyo lenguaje ha desarrollado normalmente, de manera que se necesitarán acomodaciones no solo para niños menores a dos años, sino también para niños de dos o más años con retrasos del desarrollo o con necesidades educativas especiales. Queda a su consideración cuáles son las acomodaciones apropiadas para esos casos pues usted conoce a sus hijos y sabe exactamente como pueden ser modificados los pasos de este método para adaptarse a sus necesidades.

9.

Aplicación del método
AGRIDULCE

Para un buen inicio en la aplicación de este método sugiero intentarlo primero a nivel hipotético. En este capítulo le invito a pensar en una situación reciente con uno de sus hijos que haya sido difícil de manejar e intente aplicar todos los pasos tal como lo leyó en las cuatro situaciones presentadas anteriormente en cada paso. Para ayudarle a elaborar su plan de contingencia incluiré una quinta situación paso a paso para que sirva de modelo:

Situación modelo:
> *Salimos al parque. Mi hijo no quería regresar a casa después de una hora de juego en el parque. Tuve que obligarlo.*

Situación del lector:

_____

_____

_____

_____

_____

_____

_____

_____

Paso 1: Anticipar el plan o los obstáculo

Situación modelo:

Antes de salir al parque hubiera podido anticipar que solo vamos a jugar por un rato porque tenemos que regresar a casa para cocinar el almuerzo. Podía haberle dicho que tendría suficiente tiempo para jugar y que apenas me escuche decir "ya mismo nos vamos", se prepare para despedirse de sus amiguitos y salir.

Situación del lector:

_____

_____

_____

_____

_____

Paso 2: Guiar en el proceso

Situación modelo:

Al llegar al parque hubiera podido preparar a mi hijo para la partida dándole avisos con algo de anticipación. Veinte minutos antes de la hora en la que quería salir podía haber empezado a dar avisos: "Ya mismo nos vamos. Puedes jugar solo unos minutos más". De esa manera la noticia de que debemos irnos no le hubiera caído de sorpresa y hubiera sido más probable que coopere cuando en realidad era hora de irse. El último aviso debía sonar algo optimista y que comunique la expectativa, como: "Apenas te despidas de tus amigos nos vamos".

Situación del lector:

_____

_____

_____

_____

Paso 3: Responder con firmeza y amabilidad

Situación modelo:

> *Suponiendo que lo anterior no fue suficiente para obtener cooperación*
> *a la hora de irse, podría haber respondido a su resistencia de la*
> *siguiente manera (asegurándome que tengo toda su atención*
> *y posicionándome a la altura de sus ojos): "Julián, ¿recuerdas*
> *que habíamos conversado en casa que solo podíamos jugar en el parque*
> *por un ratito?. Necesito que te despidas ahora y vengas conmigo por favor."*

Situación del lector:

_____

_____

_____

_____

_____

Paso 4: Identificar y validar las emociones

Situación modelo:

> *Si estoy en este paso es porque la respuesta firme tampoco fue*
> *suficiente para obtener cooperación. En vez de eso mi respuesta*
> *provocó frustración por lo que hubo gritos, llanto y/o berrinche.*
> *Es hora de empatizar y validar la frustración con frases como*
> *"Yo también quisiera quedarme en el parque más tiempo pero*
> *no puedo porque debo ir a preparar el almuerzo. Yo sé que tú quieres*
> *quedarte más tiempo. Lo siento, podríamos venir otro día"*
> *(abrazo o contengo la emoción). Me voy del parque con él de la*
> *mano o marcado aún si se resiste o sigue llorando.*

Situación del lector:

_____

_____

_____

_____

_____

Paso 5: Describir la situación

Situación modelo:

> Una vez que el llanto o berrinche haya culminado, es hora de describir
> lo que acaba de pasar. Espero llegar a la casa para asegurarme
> de tener toda su atención. Una vez dentro de casa le digo: "Julián, estoy
> triste porque el plan del parque no salió como pensé. Te dije que
> íbamos a salir un ratito y te dije que apenas escuches el aviso mío
> de que ya nos vamos debías alistarte para salir. Sabías que debíamos
> irnos. Mi decisión no iba a cambiar así te resistas. La próxima vez
> que salgamos al parque espero que cooperes conmigo, de lo contrario
> no podremos ir más al parque".

Situación del lector:

_____

_____

_____

_____

Paso 6: Ubicar vías alternas y de reconexión

Situación modelo:

> En este caso no hay opción de regresar al parque. Lo que sí puedo
> ofrecer son opciones de juego en casa. ¿Quisieras jugar con tus juguetes
> o prefieres ayudarme a cocinar? Es un momento reparador y de reconexión,
> de manera que apenas el niño elija la opción podemos tomarnos un tiempo
> para abrazarnos, afirmar nuestro vínculo y recordarnos nuestro amor.

Situación del lector:

_____

_____

_____

_____

Paso 7: Llegar a un acuerdo mutuo

Situación modelo:

> *Una vez que haya elegido la opción, me aseguro de que tenga todo lo que necesita a su alcance para yo dedicarme a cocinar. Si eligió jugar, proveo un espacio para que lo haga cerca de la cocina y en lo posible al alcance de mi vista. Si eligió ayudarme a cocinar, pongo los términos de su ayuda (puede ayudarme a hacer el jugo o a lavar los vegetales).*

Situación del lector:

_____

_____

_____

_____

_____

Paso 8: Confirmar con claridad los términos del acuerdo

Situación modelo:

> *"Julián, estoy lista para empezar a cocinar. Recuerda que cuando mami cocina no puedes interrumpir entonces si necesitas algo pídemelo ahora antes de empezar. Una vez que empiece quisiera que juegues aquí"(mostrar lugar). Si eligió ayudar podría pasarle los vegetales y el agua para que "me ayude".*

Situación del lector:

_____

_____

_____

_____

_____

Paso 9: Ejecutar el plan o enseñar el nuevo comportamiento

Situación modelo:

> *Ejecutamos el plan de la cocina como se había acordado. El incidente del parque ya pasó de manera que no podemos ejecutarlo de nuevo hasta una próxima salida. Sin embargo, todo lo que se conversó servirá para que coopere la próxima vez. Estoy satisfecha del tipo de crianza que elegí llevar puesto que los gritos y castigos no nos llevan a nada. Confío en la capacidad de mi hijo de aprender de las experiencias vividas y de tomar mejores decisiones en el futuro.*

Situación del lector:

_____

_____

_____

_____

CUARTA PARTE
Neurociencias y autodisciplina

10.

La disciplina y su relación con el cerebro

El Centro del Niño en Desarrollo (Center for the Developing Child) de la Universidad de Harvard ha estudiado por muchos años la arquitectura del cerebro de los bebés. Gracias a los avances tecnológicos, estos científicos nos confirman que un sano desarrollo en los primeros años de vida es precursor de todo lo que vendrá después: logros académicos, productividad económica, responsabilidad social, salud de por vida, comunidades sólidas y mejores patrones de crianza para la siguiente generación.

Los primeros años de vida son cruciales en el desarrollo de los circuitos del cerebro puesto que esa es la etapa de mayor plasticidad y de capacidad de cambio. Esto significa que es un periodo tanto de gran oportunidad como también de gran vulnerabilidad.

En la ausencia de un adulto que responda a las necesidades del bebé de manera sensible y de forma constante, la arquitectura del cerebro no se forma como la naturaleza la diseñó. Esto, lamentablemente, puede resultar en problemas posteriores de aprendizaje y de conducta, pues el cerebro es un órgano muy vulnerable y complejo. Sus múltiples funciones operan coordinándose entre sí. De manera que las estructuras cerebrales que no se formaron inicialmente, impactarán negativamente en la posterior formación de las capacidades cognitivas, emocionales y sociales del niño o niña.

Es por esto que la sensibilidad y la actitud responsiva y cálida de los padres fomentan la formación de una buena arquitectura cerebral. Al responder sensiblemente y respetuosamente, estamos creando los cimientos en el cerebro de nuestros hijos, los mismos que les permitirán albergar todo futuro aprendizaje, toda futura conducta, e incluso sus futuros patrones de salud tanto físicos como mentales.

Para entender cómo se relaciona la autodisciplina con el cerebro, hemos primero de recordar que detrás de todo comportamiento (positivo o negativo) existe una emoción o sentimiento. Al mismo tiempo, recordemos que toda emoción tiene cabida en el cerebro, de manera que al interpretar las emociones, validarlas y al gestionar aquellas intensas emociones desagradables, estamos entonces permitiendo que el cerebro desarrolle circuitos cerebrales de integración y de regulación.

Según el Dr. Daniel Siegel y Tina Payne Bryson en *"El cerebro del niño"*, los niños pequeños no tienen los mismos recursos que los adultos para gestionar sus emociones, y éstas, al no ser reguladas, inundan sus sistemas y son vividas con gran intensidad: felicidad plena, tristeza absoluta, frustración desmedida. En estos desbordes emocionales- explican los neurocientíficos- es imprescindible que los adultos acompañemos de forma empática, respetuosa, con amor y paciencia, conteniendo y ayudando a construir esos bordes o contenedores que aún no se han desarrollado. Estas intensas expresiones emocionales son parte del desarrollo psíquico y cerebral, y ofrecen oportunidades para estimular mecanismos en los que el sistema límbico (o parte inferior del cerebro) debe interactuar con la corteza cerebral (o parte superior del cerebro) generando nuevos circuitos neuronales que le permitirán al niño ir enfrentando cada vez mejor estas situaciones.

El Dr. Siegel para explicar esta necesidad de interacción cerebral usa la analogía de una casa de dos pisos. Nos pide imaginar que el cerebro es una casa de dos pisos. El primer piso es la parte más innata y primitiva encargada tanto de conductas automatizadas (como la respiración y el parpadeo) como de las emociones más básicas (como el miedo, la vergüenza o la ira). El segundo piso es más evolucionado, es el jefe, el que se encarga de planificar, de organizar, de controlar y de filtrar todo lo que ocurre en el primer piso.

Ahora bien, imagine a esa casa sin escaleras, sin nada que conecte a los dos pisos. ¿Cree que nos resultaría fácil desde nuestro segundo piso dirigir y organizar todo lo que ocurre en el primero? Seguramente no. Así son los cerebros de los niños. Nacen sin escaleras o circuitos que conecten sus dos pisos. Para que los niños puedan construir escaleras fuertes y amplias, necesitan de adultos sensibles, conocedores de su condición y capaces de enseñarles cómo se lo hace, grada por grada. Para que los niños puedan regular sus emociones desde el segundo piso, es preciso abrir sus vías de acceso. Sin escaleras no hay regulación emocional; sin regulación emocional no hay inteligencia emocional; y sin inteligencia emocional no hay auto-disciplina. Así pues, la creación de vías de acceso cerebrales es indispensable para el aprendizaje de la autodisciplina en el cual se basa todo comportamiento humano.

Si los adultos fuéramos capaces de conservar la tranquilidad, podríamos ayudar a que los niños se calmen, podríamos acompañarlos y contenerlos, podríamos "prestarles" nuestra función de reguladores emocionales para que poco a poco puedan ir interiorizando. Una vez que estén más tranquilos, podríamos ayudarlos a identificar lo sucedido, a comprender la emoción para poder abordarla a futuro de manera eficaz, contando con distintos recursos para enfrentar este tipo de situaciones. Cuando se trata de un berrinche o desborde emocional ocasionado por el establecimiento de un límite, (como cuando no se le ha dado algo o cuando se le dijo "no") lo más importante es no cambiar del límite con el objetivo de terminar con la emoción. Se trata de tener límites razonables, pero una vez razonados y verbalizados nuestro trabajo es mantenerlos para no caer en la permisividad. Eso no significa que vamos a dejarlos solos en su sentir. Independientemente de la razón del desborde emocional, la manera correcta de abordarlo será siempre con respeto. Recuerde que su desarrollo cerebral está de por medio.

11.

Los berrinches y su relación con el cerebro

Los berrinches y rabietas merecen un capítulo aparte puesto que son la manifestación más intensa de una emoción que muy a menudo se interpreta como mal comportamiento. Los berrinches no son síntomas de un niño malcriado, o mal educado, son los síntomas de un niño frustrado e impotente. Todos los niños independientemente de cómo sean criados, tendrán sus berrinches pues son parte de un proceso de desarrollo de destrezas sociales y de autorregulación emocional. Algunos bebés los empiezan a tener a los quince o dieciocho meses cuando se dan cuenta que son autónomos de sus padres. La gran mayoría, sin embargo, lo harán entre los dos y cinco años. Las rabietas y berrinches son parte de una etapa del proceso evolutivo de niños de esta edad y desaparecerán por sí solos.

Como ya se dijo en el capítulo anterior, los niños pequeños no tienen la madurez cerebral necesaria para regular sus emociones por sí solos. Su lóbulo inferior del cerebro (que es la parte más primitiva, responsable de la supervivencia y de las emociones) no se comunica con la parte superior del cerebro (que controla y regula la ejecución de las acciones). Para poder desarrollar vías de acceso entre las dos partes del cerebro nos necesitan a los adultos. Es gracias a nuestra ayuda que sus partes cerebrales aprenden a trabajar como equipo.

Desde el punto de vista cerebral, un desborde emocional (comúnmente conocido como berrinche o pataleta) implica que los tres sistemas de alarma (rabia, miedo y / o separación) en la parte inferior del cerebro del niño se han activado muy fuertemente. Como resultado, el sistema de respuesta del niño se encuentra fuera de equilibrio, con altos niveles de sustancias químicas (también llamadas hormonas) del estrés que fluyen a través de su cuerpo y cerebro.

Las rabietas o berrinches ocurren porque las vías cerebrales que conectan la parte inferior con la parte superior del cerebro no se han desarrollado todavía. Estas vías cerebrales son necesarias para permitir a un niño manejar sus emociones. Como padres nuestro papel es el de calmar mientras el niño (o niña) experimenta torbellinos emocionales en el cerebro y en el cuerpo. Si usted se enoja con un niño por tener una rabieta éste bien puede dejar de llorar, sin embargo, esto también puede significar que el sistema de alerta en su cerebro ha provocado además un deseo de separarse del adulto que ha intervenido. La otra posibilidad es que la rabieta se convierta en llanto silencioso, lo que significa que su nivel de cortisol (la hormona del estrés) permanecerá todavía en niveles muy altos. La contención (abrazos) y/o el acompañamiento verbal con palabras calmantes son las únicas maneras de ayudar a que las hormonas del estrés vuelvan a niveles normales.

Para poder acompañar los desbordes emocionales de forma respetuosa, es fundamental comprender de qué se tratan y para ello es preciso entender cómo se va desarrollando el cerebro a nivel psico-emocional.

El *"cerebro triuno"* es un modelo desarrollado por el Dr. Paul McLean para explicar la función de los rastros de evolución que existen en la estructura del cerebro humano. Según este modelo, el cerebro se divide en tres partes: el complejo reptiliano (reptiles), el sistema límbico (mamíferos primitivos) y el neocórtex (mamíferos superiores). El *complejo reptiliano* incluye al tronco del encéfalo y al cerebelo. Es la parte más primitiva del cerebro encargado del comportamiento instintivo y de supervivencia, el equilibrio, la autorregulación del organismo y las funciones "automáticas" (como la respiración y el ritmo cardíaco). Esta parte del cerebro compartimos con todos los animales puesto que se desarrolló hace alrededor de 500 millones de años.

El *sistema límbico* incluye a la amígdala, al tálamo, al hipotálamo y al hipocampo. Esta parte del cerebro se encarga del aspecto emocional/afectivo puesto que nos dota con la capacidad de sentir y desear.

El *neocórtex*, "*corteza cerebral*" o "*prefrontal*", se encuentra en el cerebro de los mamíferos más evolucionados y es el responsable de los procesos intelectuales superiores que nos diferencian de otras especies. La corteza prefrontal es la encargada del pensamiento avanzado, de la voluntad consciente, de la planificación, del razonamiento y del lenguaje. Está conformada por dos hemisferios: el izquierdo (vinculado con procesos de razonamiento lógico y funciones analíticas) y el derecho (asociado a la imaginación y la creatividad). Esta parte del cerebro al nacer es la parte que más tiempo toma en desarrollar. La ciencia ha comprobado que hay dos etapas en la vida del cerebro humano en las cuales la corteza cerebral es más vulnerable. La primera etapa es alrededor de los dos años, etapa conocida tanto por el inicio del habla como por la necesidad de los niños de afirmar su autonomía. La segunda es en la adolescencia cuando los lóbulos frontales experimentan por primera vez una acelarada actividad haciendo al individuo capaz de comparar y analizar más de un concepto abstracto a la vez. Los adolescentes están en un periodo de intenso aprendizaje social, de madurez emocional y de una intensa necesidad de comunicación. Es como una repetición de la etapa conocida como "los terribles dos" solo que más sofisticada.

Desde el nacimiento y durante los primeros tres años de vida el complejo reptiliano y el sistema límbico se encuentran muy desarrollados, no así la corteza prefrontal que es la que posibilita, entre otras funciones, el razonamiento, el procesamiento de las emociones percibidas, el control de impulsos y la tolerancia a la frustración. En cuanto al desarrollo de los dos hemisferios del neocortex, en los niños pequeños predomina el hemisferio derecho, sobre todo durante los primeros tres años. Los niños menores de tres años todavía no dominan la capacidad de emplear la lógica y las palabras para expresar sus sentimientos y viven totalmente en el presente. Para ellos la lógica y las responsabilidades y el tiempo todavía no existen.

Todo lo anterior es información que nos ayuda a comprender el cerebro infantil y a empatizar con los niños al momento de gestionar un berrinche. Al conocer cómo funcionan sus cerebros no solo nos volvemos más dispuestos a ayudar sino que además cambia nuestra manera de interpretar sus comportamientos negativos. Además de la parte fisiología, sin embargo, es importante también considerar los factores de tipo social o situacional que desencadenan un berrinche. ¿Cuándo se dan? ¿Por qué se dan? ¿Cómo evitarlos? Para esto he clasificado a los berrinches en tres grupos.

El primer tipo de berrinche, y el más común, es el *berrinche reactivo*, es decir, es aquel que se ha desatado a partir de una negativa o de la imposición de un límite. Los niños piden alguna cosa y dado que no se accedió al primer pedido, entonces suben la intensidad de la petición con la intención de que ésta sea satisfecha. También puede suceder que el niño hace algo o toma algo antes de pedirlo pero escucha un "no" de parte de sus padres y reacciona muy intensamente. A pesar del mal momento, es imprescindible que los padres nos mantengamos firmes en la respuesta, puesto que ceder con la intención de evitar o terminar el berrinche solo hará que se dé más frecuente. En este punto vale aclarar que no estamos hablando de manipulación del niño sino de desborde de emociones.

Como vimos anteriormente, los niños menores a tres años no tienen esa capacidad de interpretar lo que otros quieren, ni de ponerse en los zapatos de otros. A esta edad los niños tienen un solo recurso para lograr obtener de los adultos aquello que desean: la comunicación. Aquellos que no hablan, lloran. Y si no lograron obtener lo que buscaban a la primera, lo harán más fuerte hasta obtener una respuesta. Aquellos que ya pueden hablar, primero lo piden y si no se les concedió lo que pidieron a la primera, entonces también intensifican sus pedidos a manera de berrinches. Es decir, los berrinches reactivos son medios hábiles que utilizan los niños para comunicar un genuino deseo. Este es el tipo de berrinche que suele aparecer más a menudo cuando los padres no se mantienen firmes en sus respuestas y límites. El ceder en ese momento solo hará que los berrinches se incrementen de manera que no se trata de eliminar el límite en ese momento sino de acompañar al niño con las emociones que ese límite pudo haber originado.

El segundo tipo de berrinche es el *berrinche situacional* que es motivado por algo externo que al niño no le gusta como ir a la escuela todas las mañanas o ponerse el cinturón de seguridad en el carro. Algunos niños tienen aversión a ciertos lugares o cosas y el berrinche se expresa como rechazo a la situación que incomoda. Este también es el berrinche causado por la sobre-estimulación. Mucho ruido, mucha gente, mucha luz o mucho calor son todas causas posibles de los berrinches situacionales. Otras veces una situación de juego puede desencadenar mucha frustración puesto que el niño no logra alcanzar el nivel de destreza necesario para realizar la actividad o el juego exitosamente.

El tercer tipo es el *berrinche emocional* netamente al cual también lo llamo "la gota que derramó el vaso". Este tipo de berrinche ocurre comúnmente antes de la hora de la siesta o por la noche cuando los cuerpos de los niños están listos para dormir puesto que el niño está cansado, y por lo tanto, más irritable. Las situaciones que desencadenan estos berrinches pueden ser simples y de poca importancia, como algo que se cayó y que bajo condiciones normales no debería causar un desborde de frustración tan intenso.

Es importante tener en cuenta la causa de un berrinche que estamos presenciando solo en la medida en la que esta información nos puede ayudar a prevenirlos en el futuro. Sin embargo, el cómo gestionemos el berrinche será igual (con respeto y empatía) independientemente de la causa.

Muchas veces los padres dudan sobre la necesidad de mostrarse empáticos a la hora de un berrinche y esta duda suele relacionarse muchas veces con aquello que lo ocasionó. Estos padres suelen pensar que si el berrinche fue ocasionado por la imposición de un límite (o al escuchar un "no"), entonces lo prudente sería dejar a los niños solos e ignorarlos en el berrinche porque gestionarlo de manera amable y respetuosa seria como invalidar el límite, pues indirectamente comunica al niño que existe posibilidad de negociación. Este razonamiento es entendible considerando la influencia del conductismo en la sociedad en las últimas décadas. Es difícil deshacerse de años de semejante "lavado de cerebro", sin embargo, es necesario.

Por otro lado, dado que los berrinches a menudo se dan en combinación con otros comportamientos disruptivos como pegar, escupir, morder y/o patear a los padres, éstos entonces - entendiblemente- piensan que al responder a la agresividad que acompaña al berrinche con palabras amables y con abrazos, de alguna manera comunica al niño que su comportamiento es aceptable. La verdad es, sin embargo, que la contención y las palabras amables de ninguna manera invalidan el límite ni impiden la corrección de los comportamientos agresivos. El límite es firme y se mantiene incluso durante el berrinche, sin embargo, para que los niños puedan entenderlo y aprenderlo los padres primero hemos de ayudar al niño a tener la disponibilidad mental para que eso suceda. Ningún aprendizaje será posible si las emociones intensas invaden el cuerpo y la mente de un niño. Es necesario primero ayudar al niño a bajar la intensidad de sus emociones (y así parar con las patadas, mordidas o escupidas) puesto que eso permitirá a la mente del niño abrirse a la posibilidad de la reflexión y la comunicación. Recuerde que los niños aprenden a autorregular sus emociones a partir del modelo que los adultos proveen al gestionar sus torbellinos emocionales.

La buena noticia es que la mayoría de berrinches son evitables, especialmente cuando los padres adoptan un estilo de disciplina democrático como el propuesto en este libro. Recordemos que los berrinches y rabietas expresan un sentimiento de impotencia y de falta de control, de manera que aquellos niños que sienten que tienen algo de opción y de control en sus vidas, tienden a tener menos berrinches. Esto significa que cuanto más poder de elección provea a sus hijos y cuanto menos disturbe sus rutinas de comer y dormir, menos frecuentes serán. Generalmente cuando un niño estalla con un berrinche es porque ya ha intentado expresar algún deseo o necesidad que no ha sido escuchada o atendida oportunamente. Al adoptar un estilo de crianza sensible y respetuosa, usted es más propenso a satisfacer o atender a las necesidades o deseos de sus hijos en sus primeras manifestaciones en vez de esperar a que éstas se intensifiquen. Aquí vale aclarar que la satisfacción de las necesidades básicas de sueño, de hambre, de cercanía, de atención etc. es una cosa, mientras que satisfacer sus deseos materiales y otros caprichos, es otra. Los padres sabemos qué es lo mejor para nuestros hijos y saber decir "no" es necesario cuando lo que ellos nos pidan atente contra su bienestar o el de alguien alrededor de ellos.

En la medida de lo posible, tratemos siempre de evaluar cada situación: ¿aquello que nos piden nuestros hijos realmente pone en riesgo su sano desarrollo, salud o seguridad? De no ser así, ¿por qué no complacerlos? Recuerde que imponer por imponer no lo hace ser más respetado de la misma manera que acceder ante un pedido o deseo sensato no le hace perder su autoridad. Una crianza respetuosa no se trata de nunca decir "no" para evitarles el sufrimiento o la ira. Se trata de enseñarles que un "no" no es el fin del mundo. Además, no existe ninguna regla que diga que la persona que dice "no" no pueda ser al mismo tiempo quien consuele y quien ayude a gestionar las emociones generadas por esa negativa.

En el medio de un berrinche, una crianza respetuosa se trata de acompañar a los niños durante su torbellino emocional. Se trata de ayudarles a reemplazar esos comportamientos poco apropiados por otros más adecuados. Las emociones sentidas no se intentan eliminar, todos tenemos derecho a sentir la ira y la rabia. La manera de expresarlas, sin embargo, puede ser reemplazada con nuestra ayuda. La crianza respetuosa y democrática entiende al niño desde una posición empática y comprensiva, no autoritaria. Sin embargo, empatía no significa ceder ante las peticiones o deseos de nuestros hijos con el objetivo de terminar con un berrinche pues eso simplemente reforzaría el mal comportamiento y causaría inadvertidamente que ocurra más frecuentemente. Cuando los límites razonables ya han sido pensados y establecidos, nuestro trabajo es mantenerlos.

En las décadas anteriores a la influencia de la neurociencia, la recomendación de los psicólogos solía ser la de ignorar el berrinche porque se pensaba que al atenderlo y al gestionarlo estaríamos reforzando ese "mal comportamiento". Algo de eso es cierto pero no es el gestionarlo lo que lo refuerza, sino el ceder en el límite para evitar que ocurra o para terminar con el enseguida. Ahora que la tecnología permite a la neurociencia analizar el cerebro infantil más cercanamente, ha cambiado la interpretación de lo que es un berrinche y los científicos recomiendan no ignorar sino acompañar.

Acompañar durante el berrinche significa ponernos en los zapatos del niño e intentar comprender el origen de la frustración. En ese sentido, lo que sí podemos ignorar la conducta de ese momento para que no nos distraiga, no nos enfurezca, y nos permita poner atención a las emociones que están siendo expresadas inapropiadamente a través de ese comportamiento. Una vez que logramos ignorar lo que estamos viendo (las patadas, los gritos y palabras poco amables) entonces sí podremos gestionar la rabieta. Los niños no tienen los mismos recursos emocionales ni madurativos de los adultos, por lo tanto, son incapaces de verbalizar de manera coherente sus emociones. De su boca nunca saldrá: "estoy enojado porque no me quisiste dar más dulces", en vez de eso, ellos se lanzan al suelo y gritan descontroladamente. En ese momento, razonar con ellos resulta inútil y en muchos casos abrazarlos, negociar o brindarles palabras de aliento lo único que causa es que se intensifique el berrinche. En esos casos la mejor contención es acompañarlos con nuestra cercanía física y con nuestro silencio.

Una vez que haya terminado aquel episodio usted puede entonces abrazar, consolar y razonar con sus hijos. Al momento del razonamiento, es preciso ayudar a los niños a verbalizar las emociones sentidas durante la rabieta. "Ya vi que te enoja mucho no poder comer muchos dulces, a mí también me encantaría comerme muchos, pero no es saludable". Trate de usar frases que resalten las emociones sentidas y las causas del comportamiento y trate de evitar frases que etiqueten o culpabilicen al niño de los sentimientos sentidos. Ofrezca conductas alternativas para una próxima vez que esos sentimientos se presenten. Por ejemplo, morder fuertemente algo suave como un pedazo de tela, una almohada o hacer pedazos a una hoja de papel son conductas que pueden ofrecer la misma sensación de desfogue emocional y pueden ser buenas alternativas a una pataleta. De esa manera, estamos permitiendo la expresión de las emociones desagradables pero con comportamientos más apropiados, menos escandalosos y disruptivos, especialmente si estamos en lugares públicos.

A pesar que existen algunas maneras sensibles y respetuosas de gestionar las rabietas y berrinches, la mejor opción para los padres es sin duda hacer lo posible por evitarlas. Todos queremos evitarnos el mal momento y al hacerlo no estamos necesariamente previniendo que se construyan vías de acceso cerebrales, puesto que éstas se construyen también a través de la educación y la validación de las emociones positivas y negativas de baja intensidad. No es necesario que las emociones siempre se desborden para que el cerebro pueda construir vías de acceso entre el cerebro primitivo y el cerebro desarrollado. Lo que sí es indispensable, es la interiorización y la comunicación de lo que se está sintiendo y pensando, independientemente de la intensidad.

Para evitar los berrinches considere las siguientes sugerencias:

1. Comunique a su hijos cuáles son sus planes, a donde van, qué van a hacer y qué esperar de la salida. La falta de predictibilidad es una de las causas más comunes de las rabietas.

2. A nosotros nos gustan nuestras rutinas, a los niños también. Procure en lo posible no disturbarlas.

3. El presenciar un berrinche de otro niño da paso a un aprendizaje por observación. Evite en lo posible que sus hijos vean estos comportamientos en otros niños o en la televisión.

4. Evite salir durante las horas en las que comúnmente toman su siesta o cuando tengan hambre.

5. Recuerde siempre que con nuestro comportamiento estamos dando el ejemplo (¿qué queremos transmitirles? ¿Es coherente decirles que no griten, gritando?). La coherencia y la consistencia son de fundamental importancia a la hora de transmitir seguridad, valores y normas de convivencia.

6. Respire profundo. Para poder ayudar a tranquilizar al otro, debemos primero estar tranquilos nosotros. Cuando eso no sea posible intente "delegar" la situación o el niño a otro adulto o ser querido.

7. Intente sintonizar con los niños. Tenga presente que muchas veces los berrinches se desatan cuando deseo del niño y el del adulto no coinciden (por ejemplo, el niño quiere jugar con el adulto y este quiere hacer alguna otra actividad), o cuando el pequeño tiene necesidades insatisfechas tales como hambre o sueño.

8. Contenga y acompañe ya sea abrazando o simplemente estando cerca, disponibles, a la misma altura del niño. Preste atención al tono de voz que empleamos y a nuestro lenguaje corporal.

9. Escuche con atención todo lo que sus hijos le quieran contar. Dé importancia a todas las cosas que ellos dicen.

10. Proponga otras alternativas para resolver el conflicto o cambie el foco de atención usando distracciones, cambiando de ambiente, u ofreciendo una actividad que le guste al niño.

12.

La disciplina y el apego seguro

El apego es el vínculo emocional que desarrolla el niño con sus padres (o cuidadores) y que le proporciona la seguridad emocional indispensable para un buen desarrollo de la personalidad. El apego proporciona la seguridad emocional al niño puesto que se siente aceptado y protegido incondicionalmente.

La tesis fundamental de la teoría del apego es que el estado de seguridad, ansiedad o temor de un niño es determinado en gran medida por la accesibilidad y capacidad de respuesta de su principal figura de afecto (persona con que establece el vínculo). De acuerdo a la teoría del apego, un fuerte vínculo emocional con sus padres es precursor de la seguridad y de la empatía en las relaciones personales en la edad adulta. Un inadecuado establecimiento de un vínculo seguro en la infancia puede conllevar a dificultades psicológicas y sociales en el futuro.

La teoría con apego, propuesta originalmente por John Bowlby, afirma que el niño tiene una tendencia a buscar la cercanía a otra persona y se siente seguro cuando esa persona está presente y disponible para cubrir sus necesidades tanto físicas como emocionales. Bowlby había propuesto en 1951 la hipótesis de que la privación materna no solo causaba depresión en la niñez, sino también hostilidad e incapacidad para establecer relaciones saludables en la vida adulta. Dentro de esta teoría los niños biológicamente están "diseñados" a estar apegados a sus padres, no solo para satisfacer sus necesidades sino porque son seres profundamente sociales.

La teoría del apego constituye uno de los planteamientos teóricos más sólidos en el área de la psicología infantil. Desde sus inicios a finales de los años cincuenta, esta teoría se ha visto afianzada y enriquecida por una gran cantidad de investigaciones realizadas en los últimos años.

Mary Ainsworth fue quien años más tarde, basada en el trabajo de Bowlby, desarrolló un procedimiento de laboratorio conocido como "la situación extraña". Éste fue un experimento diseñado para estudiar la universalidad del apego- En el experimento se usaban las respuestas del niño frente a separaciones muy breves de uno de los padres, y reuniones con ella (o él), para clasificar la organización de su apego a la madre (o al padre). Las cuatro clasificaciones son: apego seguro, y tres clasificaciones derivadas del apego inseguro: evitativo, resistente o ambivalente y desorientado.

Los niños con vínculos de apego seguro cuando estaban con su madre exploraban la habitación y mostraban interés al entrar la persona desconocida. En el momento de la separación, mostraban señales claras de angustia pero les era fácil volver al juego. Al momento del reencuentro con la madre se mostraban alegres y buscaban contacto físico con ellas. Los niños con vínculos inseguros (evitativo, resistente o desorientado) también mostraban angustia y desagrado al momento de la separación, pero la diferencia es que no volvían al juego fácilmente y no buscaban o, peor aún, rechazaban el contacto físico con la madre a la hora del reencuentro. En el caso del tipo evitativo, el niño evita e ignora activamente a la madre durante el re-encuentro (se aleja, mira hacia otra dirección o rechaza a la madre cuando ella le marca). En el caso del tipo resistente o ambivalente el niño no logra apaciguarse en el reencuentro con la madre y a pesar que continúa centrando su atención en la madre, no se calma, sigue llorando y no logra volver a la exploración tras el reencuentro. En el caso del tipo desorientado, el bebé muestra conductas desorganizadas y/o desorientadas en presencia de la madre. Por ejemplo, se dan conductas poco predecibles o inusuales como acurrucarse en una esquina de la habitación o congelarse en un estado de trance. En conclusión, el niño con apego desorganizado no sabe qué hacer.

Cuando los bebés como estos, con vínculos inseguros, crecen y maduran, tienden a mantenerse preocupados de encontrar seguridad y amor en sus relaciones personales. La constante búsqueda de amor y seguridad no les permite concentrarse en otras actividades apropiadas para su edad y necesarias para aprender y experimentar la independencia. Lo interesante de este estudio es que se siguieron a estos bebés hasta su adultez y se pudo comprobar que aquellos bebés que tenían vínculos de apego inseguro, tendían a tener relaciones sociales e interpersonales problemáticas y además eran menos felices y menos exitosos que aquellos participantes del estudio que tenían vínculos de apego seguros con su madre. Aquellos niños que desarrollaron apego desorientado y/o desorganizado fueron quienes tenían más riesgo de ser diagnosticados con un trastorno mental.

Estos estudios evidencian la importancia de la relación entre padres e hijos para la salud mental de los segundos. De estas experiencias tempranas dependerá cómo los humanos entendamos el mundo, como reaccionemos ante las dificultades y ultimadamente cómo establezcamos relaciones afectivas con otras personas en el futuro.

Desde el punto de vista evolutivo, el apego es un sistema innato de comportamiento que ha evolucionado para ayudar a los bebés a organizar sus procesos emocionales y de memoria en relación a las personas quienes cuidan de ellos. El apego asegura la supervivencia de la especie. Desde la perspectiva del desarrollo cerebral, el apego seguro se establece gradualmente a través de una relación en la cual el adulto confiable provee un cuidado constante caracterizado por la satisfacción de las necesidades tanto físicas como emocionales. Las interacciones que fomentan el establecimiento de apego seguro son aquellas en las que el adulto sirve de amplificador de emociones positivas y de amortiguador o modulador de emociones negativas como el miedo, la tristeza, la frustración y la ansiedad. El adulto consuela al niño y actúa como refugio en momentos de desconsuelo. Es a través del cerebro maduro y desarrollado del adulto que el niño aprende a organizar sus propios procesos de su cerebro inmaduro. Estas experiencias, al repetirse, se codifican en la memoria implícita del cerebro primero como expectativas del niño, y después como modelos mentales internos que ayudan al niño a sentirse seguro en el mundo. Esto ocurre tanto a nivel psicológico como a nivel cerebral. El cerebro construye físicamente nuevos circuitos que conectan las partes primitivas del cerebro, con las partes más evolucionadas e inmaduras, facilitando así la maduración de éstas últimas.

Por esto la importancia de que las experiencias de los niños al ser "disciplinados" o educados para la autodisciplina, sean experiencias de constante calidez y de guía, no de humillación y de miedo. El cerebro codificará cada experiencia en la memoria implícita del cerebro infantil, de manera que mientras más se repitan estas experiencias, más sólidos serán los modelos mentales a partir de los cuales los niños operarán en la vida. Los padres somos los precursores de dichos cimientos o modelos cerebrales los cuales operarán o bien desde una modalidad progresista y optimista hacia la vida, o bien desde una modalidad de supervivencia y de constante dependencia de aprobación.

APENDICE A
EL PERFIL DE UN INDIVUDUO
AUTODISCIPLINADO:[1]

- Crece más allá del egocentrismo y de las tendencias rígidas que son características durante la etapa de desarrollo humano temprano y actúa de una manera más flexible y empática.

- Puede experimentar y regular todo el espectro de emociones humanas y sabe cómo, cuándo, dónde y con quien expresarse a sí mismo de maneras apropiadas.

- Mantiene una curiosidad innata y un deseo profundo de aprender y de entender el mundo a su alrededor y dentro de si mismo.

- Se siente libre de tener ideas propias, sentimientos y creencias mientras que al mismo tiempo está al tanto del sistema social al cual pertenece.

- Es autónomo y siente que tiene un nivel de control fuerte y de opción en su vida, en vez de sentirse víctima de las circunstancias.

- Es adaptable, tiene resiliencia ante la adversidad y ve los retos como oportunidades.

- Valora y se siente cómodo con el amor y la intimidad.

- Reconoce que su capacidad de vulnerabilidad es una fuente verdadera de valentía y fuerza.

- Se siente satisfecho con los simples placeres de la vida y no busca estimulación innecesaria ni sustancias adictivas externas.

- Es espontáneo e intuitivo y sigue sus propios impulsos creativos.

---

[1] Este texto ha sido traducido al español e incluido aquí desde el libro *Mindful Discipline* , con permiso de los autores Shauna Shapiro y Chris White.

- Exhibe perseverancia y compromiso al desarrollar sus propias destrezas y talentos.
- Posee un alto grado de autoconocimiento y capacidad de sintonizarse con otros.
- Siente un gran sentido de significado y propósito en la vida y tiene deseos de poner sus talentos al servicio de otros.

Estos son los frutos naturales de la madurez, los mismos que permanecen durmientes en la semilla de cada niño.

APENDICE B

Este es un afiche del acrónimo AGRIDULCE que lo puedes recortar a blanco y negro para ponerlo en tu refrigeradora o pared de la casa. También lo puedes descargar a color yendo a **http://crianzayeducacionconsciente.blogspot.com/** o en el buscador de Google bajo el título "Afiche AGRIDULCE para la refrigeradora".

APENDICE C
Confesiones de la autora

Como autora de crianza con apego y de disciplina respetuosa muchas personas (cercanas o no) esperan de mí una respuesta concreta, una receta mágica o una indicación de que yo como madre camino fielmente ese sendero absolutamente respetuoso desde el cual me dedico a pregonar. Al publicar un libro como este, un cuestionamiento lógico y entendible de quienes me leen suele ser aquel de la congruencia. "No le creo que la autora nunca grite. ¡Eso es imposible! Todos gritamos a nuestros hijos alguna vez". Querido lector: lo admito, a veces yo también grito. Aunque después pida disculpas, yo también me exalto y pierdo el control de mí misma. Aunque después me arrepienta de lo que hice o dije, yo también soy humana primero y madre después. Y es que los humanos somos muy buenos para pensar en términos del todo o del nada. O bien somos respetuosos y sentimos que un grito invalida nuestra manera de criar, o bien somos "igual que el resto" puesto que de alguna manera sentimos que ser padres respetuosos es un concepto utópico e imposible de alcanzar.

No me malentienda. No es hipocresía el promover una crianza respetuosa y el admitir que soy humana y que a veces mis límites son impuestos con una voz tal vez más alta de lo que quisiera. Sin embargo, dentro de mi humanidad llena de errores hay cosas que NUNCA he hecho y estoy segura que NUNCA haré: ni golpear con mis manos ni etiquetar con mis palabras. Soy consciente que hay ciertas cosas que un "lo siento" no podrá enmendar y aquellas heridas que quedan en la mente de un niño son difíciles de sanar. Que quede claro que nunca gritar no es lo mismo que hacerlo muy de repente, de la misma manera que decir "te quiero" muy poco no es lo mismo que decirlo siempre. Toda acción positiva o negativa cuenta y su efecto es directamente proporcional a la frecuencia con la que se repita. Todo lo que se diga o haga tendrá el efecto correspondiente en la mente de nuestros hijos. Sin embargo, la diferencia entre los padres conscientes y respetuosos y los tradicionales o autoritarios está en el qué se hace después de un error. Los padres respetuosos, a diferencia de otros, somos rápidos en reconocer cuando cometemos errores y tomamos medidas para repararlos. En ese sentido, el admitir que hay veces que nuestros hijos "nos sacan de nuestras casillas" o que tenemos iras y gritamos, no nos descalifica como padres respetuosos, simplemente nos hace seres humanos conscientes y preocupados por la enmienda del error.

La disciplina sin gritos y castigos es una meta, una decisión consciente y está lejos de ser una receta fácil de seguir. Y es que nos olvidamos que criar con sensibilidad y con respeto es un concepto relativamente nuevo, fruto de un mundo más evolucionado y educado que entiende que las implicaciones psicológicas de la agresión son nefastas en la salud mental de los niños. Nuestros antepasados y muchas culturas primitivas del presente si bien duermen con sus niños, lactan, portean y responden a sus necesidades, no necesariamente son respetuosos a la hora de disciplinar. Los gritos y castigos corporales están muy arraigados todavía en la sociedad actual, de manera que tomará muchos años para que un nuevo modelo de crianza sin agresión pueda ser heredado a la nueva generación.

Nosotros somos aquella primera generación de padres respetuosos, y al decir que lo somos, no estamos implicando que lo hagamos a la perfección. Los padres respetuosos también nos enojamos y a veces también gritamos, pues antes de ser padres primero somos humanos y en el acto consciente de respetar a nuestros hijos, hemos también de enfrentarnos con nuestras emociones no gestionadas y con nuestros propios pasados, felices y tranquilos para unos, y dolorosos para otros.

Lo que nos hace padres respetuosos es la elección consciente de tratar a nuestros hijos con la misma consideración con la que trataríamos a cualquier otro ser humano, y aunque a veces nuestras emociones estén fuera de control, lo que importa es que intentamos enmendar el error desde la reflexión y la consciencia. Aunque a veces decaigamos, los padres respetuosos estamos seguros de que nuestra conexión con nuestros hijos es tal, que una disculpa de corazón tendrá el poder de enmendar (aunque no eliminar) nuestros errores. Tal vez el único consejo más honesto y sabio que podría dar a los lectores es que dejemos de ser tan duros con nosotros mismos sin que eso signifique dejar de luchar por seguir mejorando. Mientras tengamos la meta del respeto siempre presente, cualquier obstáculo o recaída puede convertirse en una oportunidad de aprender una nueva y valiosa lección. Los niños necesitan saber que los adultos somos también seres imperfectos y al reconocer nuestros errores ante ellos les estamos un sano modelo de humildad.

Sandra Ramírez

BIBLIOGRAFIA

Baumrind, D. (1966). Effects of Authoritative Parental Control on Child Behavior, *Child Development, 37(4)*, 887-907.

Baumrind, D. (1967). Child care practices anteceding three patterns of preschool behavior. *Genetic Psychology Monographs, 75(1)*, 43-88.

Branden, N. (1969). *The psychology of self-esteem*. New York, NY: Bantam Books.

Dobson, J. (1970) Dare to Discipline. Wheaton, Ill: Tyndale House Publishers.

Dweck, C. S. (1999). Caution—Praise can be dangerous. *American Educator, 23*, 4–9.

Dweck, C. S. (2006). *Mindset: The new psychology of success*. New York, NY: Random House.

Dweck, C. S. (2007). The perils and promises of praise. The wrong kind of praise creates self-defeating behavior. The right kind motivates students to learn. *Educational Leadership, 65*(2), 34–39.

Dreikurs, Rudolf and Loren Grey. 1968. *Logical Consequences: A New Approach to Discipline*. Meredith Press.

Ellison, C. G. (1996) Conservative Protestantism and the Corporal Punishment of Children: Clarifying the Issues. *The Journal for the Scientific Study of Religion* v35, n1 (1996): 1-16.

Gershoff E. (2013) Spanking and Child Development: We Know Enough Now To Stop Hitting Our Children. *Child Dev Perspect.* 7(3): 133–137. Publicado en línea el 10 de Julio del 2013.

Greven, P. (1991). *Spare the Child*. New York: Alfred A. Knopf.

Johnson, S.B., Riley A.W., Granger D.A., Riis J. (2013).The science of early like toxic stress for pediatric practice and advocacy. *American Academy of Pediatrics, 131 (2)*.

Kohn, A. (2001). Five reasons to stop saying, "good job!" *Young Children, 56*(5), 24–30.

Kohn, A. (2001). Cinco Razones para Dejar de Decir "¡Muy Bien!" Consultado en Octubre del 2015 de http://www.alfiekohn.org/parenting/muybien.htm

Krevans, J y Gibbs, J.C. (1996). Parents' use of inductive discipline: relations to children's empathy and prosocial behavior. *Child Development, 67*: 3263-77.

Miller, P.M. y Commons, M.L. (2010). The Benefits of Attachment Parenting for Infants and Children: A Behavioral Developmental View, *Behavioral Development Bulletin, 10*. Consultado en octubre, 2014 de *http://www.baojournal.com/BDB%20WEBSITE/BDB-no-10/A01.pdf*

Siegel, .D & Bryson, T.P. (2015). Disciplina Sin Lágrimas. Ediciones B. S.A. , España

Siegel, D. y Bryson, T.P. (2012) El cerebro del niño. 12 estrategias revolucionarias para cultivar la mente en desarrollo de tu hijo. Editorial Alba. Barcelona.

Siegel, D. (2012) .The Developing Mind, Second Edition: How Relationships and the Brain Interact to Shape Who We Are. The Guilford Press, NY.

Shapiro, S. & White, C. (2014) Mindful Discipline: A Loving Approach to Setting Limits and Raising an Emotionally Intelligent Child. New Harbinger Publications, Inc.

Straus, M. (1994) Beating the Devil Out of Them: Corporal Punishment in American Families and Its Effects on Children. Boston: Lexington Books.

Weissbourd, R. (1996). The feel good trap: Self-esteem and its critics. *New Republic, 215*, 12–13.

Weissbourd, R. (2009b, April). Why are we praising our children so much? *Psychology Today.* Consultado en noviembre del 2015 de http://www .psychologytoday.com/blog/the-parents-we-mean-be/200904/ why-are-we-praising-our-children-so-much

Made in the USA
Columbia, SC
24 June 2019